AF591022

LE SECRET DV IANSENISME, DESCOVVERT ET REFVTE'

Par vn Docteur Catholique.

A PARIS,

Chez SEBASTIEN CRAMOISY Imprimeur ordinaire du Roy, & de la Reyne Regente. & GABRIEL CRAMOISY. ruë S. Iacques.

M. DC. LI.

Auec Priuilege de sa Maiesté.

PREFACE.

QVOY que Rome fulmine contre les nouuelles opinions, qui courent touchant la Grace; quoy que les Souuerains Pontifes asseurent dans leurs Bulles, *Que ce Liure, qui porte pour titre, l'Augustin de Cornelius Iansenius, renouuelle & soustient au grand scandale des Catholiques, beaucoup de Propositions, condamnées par leurs predecesseurs:* Quoy que le sainct Siege ait enuoyé en diuers endroits de l'Europe plus de vingt Brefs Apostoliques, pour supprimer cette nouuelle doctrine & en arrester le cours: ceux pourtant que le Pape Vrbain VIII. appelle *Iansenistes*, publient tous les iours des Apologies, Dans le Bref enuoyé aux

Gouuerneur des Païs-bas, l'an 1643.

Apologie 1. de Iansenius pag. 9.

ou pluſtoſt des Eloges de cét Autheur condamné, & aprés auoir ſouſtenu que ſon Liure, bien loin d'eſtre ſcandaleux, *eſt une des marques & les plus ſenſibles du ſoin, auec lequel Dieu veille continuellement ſur ſon Egliſe.* Ils en font ſi ſouuent de nouueaux abregez en François, pour reſpandre par tout ſa doctrine, qu'on peut maintenant leur reprocher, comme on faiſoit autrefois à Luther & à Caluin, *Que tant de Liurets qu'ils ont eſcrits en langue vulgaire ſur ce ſuiet, ſont cauſe que les femmes & le peuple parlent hardiment de la Grace, & de la Predeſtination.*

Eraſme dans le liure du libre arbitre cõtre Luther. Camerarius liu. 2. contre Caluin.

C'eſt ce qui m'a obligé de deſcouurir en noſtre langue le ſecret de leur doctrine, & de faire voir à tout le monde, que ce qu'ils vantent comme des oracles de l'ancienne Egliſe, eſt le plus dangereux venin des dernieres hereſies. Ceux qui ont eſté esbloüis par le faux eſclat de leurs opinions, en auront horreur, quand ils verront qu'elles n'ont point d'autres peres, que Luther & Caluin, & qu'il y a long temps que les plus illuſtres deffenſeurs de la Foy les ont conuaincuës d'erreur par des preuues inuincibles.

Comme ceux qui ſouſtiennent cette nouuelle doctrine ne diſent rien d'eux-meſmes, & qu'ils empruntent des Heretiques toutes les raiſons, dont ils l'appuyent, & les ornemens, dont ils l'embelliſſent: i'ay creu qu'il ne les falloit attaquer qu'auec les armes des Catholiques, qui ont vaincu Caluin, & qu'on ne les pouuoit combattre auec plus de gloire, qu'en faiſant voir que ces ſçauans Docteurs de l'Egliſe ont triomphé du Ianſeniſme deuant ſa naiſſance, & qu'ils en ont renuerſé tous les fondemens.

C'eſt ce que ie pretends monſtrer dans cét ouurage, & pour le faire auec plus d'ordre & de clarté, ie veux choiſir les plus dangereuſes de ces nouuelles opinions, & iuſtifier de chacune en particulier: 1. Que les Heretiques du dernier ſiecle l'ont ſouſtenuë de la meſme façon, que les Ianſeniſtes, & qu'ils ont employé les meſmes preuues pour l'eſtablir. 2. Que les meſmes Heretiques ont aduoüé qu'elle eſtoit contraire aux ſentimens de l'Egliſe Romaine, & aux deciſions du Concile de Trente. 3. Que les Docteurs Catholiques l'ont combatuë comme vne Hereſie manifeſte. 4. Que les raiſons dont ils ſe ſeruent pour la conuaincre d'erreur, ſont tres-ſolides, & que toutes les reſponſes de Caluin (qui ſont les meſmes que celles des Ianſeniſtes) ne les ſçauroient affoiblir. 5. Que ces meſmes defenſeurs de la foy ont fait voir tres-clairement, que cette opinion n'eſt point de S. Auguſtin, comme Caluin le pretend, & qu'ils ont meſme ruiné tous les fondemens, ſur leſquels les Ianſeniſtes la veulent eſtablir.

Voila le deſſein & comme le plan de cét Ouurage, dans lequel ie ne ſuis que l'interprete de ces grands hommes, qui ont combatu les dernieres Hereſies, & qui les ont deffaites auec l'applaudiſſement de toute l'Egliſe. Ce ſont eux qui feront icy la guerre au Ianſeniſme : c'eſt leur authorité que i'employe, pour le condamner, & leurs raiſons dont ie me ſers pour le conuaincre. Ie ne ſçay ſi tout le monde trouuera leurs armes auſſi fortes, qu'elles me paroiſſent : mais ie puis ſouſtenir que ſi elles ne renuerſent Ianſenius, elles n'ont point terraſſé Caluin, & que les victoires, que l'Egliſe penſoit auoir remportées ſur cét Hereſiarque par la plume de tant de braues protecteurs de noſtre Religion, ſont vaines & imaginaires.

Extraict du Priuilege du Roy.

PAR grace & priuilege du Roy, il eſt permis à Sebaſtien Cramoiſy Marchand Libraire, Imprimeur ordinaire du Roy, &c. d'imprimer vn Liure intitulé, *Le Secret du Ianſeniſme découuert, & refuté par vn Docteur Catholique*; & ce pendant le temps & eſpace de dix années conſecutiues: Auec defenſes à tous Libraires, Imprimeurs, & autres, d'imprimer ledit Liure ſous pretexte de deſguiſement ou changement qu'ils y pourroient faire, aux peines portées par ledit Priuilege. Donné à Paris le treizieſme Octobre mil ſix cens cinquante.

Par le Roy en ſon Conſeil,

CRAMOISY.

TA-

TABLE DES CHAPITRES contenus en ce Liure.

Chapitre Premier.

CHAPITRE SECOND.

Du Libre Arbitre. pag. 13.

CHAPITRE TROISIESME.

CHAPITRE QVATRIESME.

CHAPITRE CINQVIESME.

Fin de la Table des Chapitres.

LE SECRET DV IANSENISME.

CHAPITRE I.

Du Ianſeniſme en general.

ARTICLE I.

Que les Ianſeniſtes ſont obligez de toute leur Doctrine aux Heretiques.

Demande. QVI ſont les veritables Autheurs de ces nouuelles opinions, que les Ianſeniſtes publient & déguiſent auec tant d'artifice, & que les Papes taſchent d'eſtouffer ?

Reſponſe. Ce ſont les Heretiques du dernier ſiecle : Luther, Caluin, Beze, du Moulin, & les autres de meſme party, qui les ſouſtiennent toutes, comme contraires aux ſentimens de l'Egliſe Romaine. Ceux qui les defendent auiourd'huy ne diſent rien de conſiderable, qui ne ſe trouue dans les Ouurages de ces Heretiques, deſquels ils ont puiſé toutes leurs opinions, qu'ils fortifient des meſmes raiſons, & des meſmes paſſages des Peres, & nommément de S. Auguſtin, pris des meſmes Heretiques, y employans ſouuent les termes meſmes de ces Heretiques, ſoit qu'ils eſtabliſſent leur doctrine, ſoit qu'ils répondent aprés eux, aux obiectiõs, que leur font les Docteurs Catholiques.

Dem. Quoy, ce que ces illustres Iansenistes disent auoir esté inconnu depuis plusieurs siecles, comme ces belles raisons, dont ils combatent la Grace Suffisante, & les autres mysteres de leur doctrine, se trouuent-elles aussi dans ces Heretiques?

Resp. Tout cela s'y trouue, & quasi mot pour mot; & ces beaux secrets, que la Cabale se vante d'auoir découuerts, sont si communs parmy les Caluinistes, qu'on les voit dans tous leurs liures, exprimez de la mesme maniere, & appuyez des mesmes passages de S. Augustin, qui estoit continuellement en leurs bouches, ou au bout de leurs plumes.

Dem. Si cela est, ce grand Liure & ce fameux Augustin de IANSENIVS, qui a fait tant de bruit depuis dix ans, & dont nous voyons tous les iours de nouueaux abregez, n'est qu'vn recueil de tout ce que les Heretiques ont écrit sur le mesme suiet?

Resp. Prenez la peine de le confronter auec leurs Ouurages, & vous n'en pourrez douter : Car cét Autheur en beaucoup d'endroits; comme lors qu'il soustient, *Que Dieu ne veut pas sauuer tous les hommes, que* IESVS-CHRIST *n'est pas mort pour tout le monde, qu'il n'y a iamais eu d'heresie de Predestinatiens*, ne fait qu'vn simple abregé des grands Traitez, que les Caluinistes ont imprimez sur les mesmes matieres : En d'autres lieux, comme quand il parle du Libre Arbitre, de la necessité de pecher, de la Grace suffisante, il estend vn peu plus au long ce qu'il a dérobé des Heretiques : il donne plus de iour à leurs pensées, & ne fait qu'vn commentaire sur Caluin. Et ne vous persuadez pas que ce qu'il y adiouste, soit fort considerable; puisque pour l'ordinaire il n'estend pas autrement ce qu'il emprunte de cét Heresiarque, qu'en le repetant plusieurs fois. C'est ce qu'il a fait d'vne maniere bien estrange, parlant de la difference des deux Graces, qui est le grand secret de sa doctrine; car il dit tout le mesme que Caluin, mais il le repete en plus de cinquante endroits de son Liure, & cite cent soixante & dix fois vn mesme passage de S. Augustin, que Caluin n'auoit cité que vingt fois.

Mais pour monstrer plus clairement, que cét Autheur n'a quasi fait que copier les liures des Heretiques, IE fais derechef à ses plus zelez partisans le défi, qu'on leur a desia fait plusieurs fois, depuis cinq ans. Ie les prie de choisir dans le grand Ouurage de leur Maistre, tout ce qu'il y a de plus excellent, ses plus rares opinions, & les plus beaux passages de S. Augustin, dont il tasche de les authoriser, ses plus ingenieuses réponses ; en vn mot tout ce qu'ils croyent estre de plus admirable & de plus conuainquant : & ie me fais fort de monstrer euidemment, que tout cela se trouue quasi mot pour mot dans les liures de Luther, de Caluin, & des autres Heretiques, qui ont écrit depuis cent ans. Si les Iansenistes qui ont tant de zele & de respect pour leur Maistre, ne répondent promptement, & sans artifice à ce défi, n'est-il pas euident, qu'il n'y a personne qui ne les doiue tenir pour conuaincus?

Article II.

Quelle conclusion on doit tirer de ce que les Ianseniſtes ont pris toute leur doctrine des Heretiques.

Demande. QVAND l'Autheur de ces nouuelles opinions les auroit toutes priſes dans les liures des Heretiques, que s'enſuit-il de là?

Reſponſe. Premierement, il s'enſuit que tous ces beaux eloges qu'on luy donne ſont iniuſtes. Que c'eſt à tort que ſes diſciples l'appellent le Reſtaurateur de la Doctrine de S. Auguſtin dans ces derniers ſiecles : l'Hercule deſtiné de Dieu, pour combattre le Pelagianiſme renaiſſant, & le monſtre de la Grace Suffiſante ; l'Homme incomparable qui a remis au iour tant de belles veritez, qui eſtoient inconnuës & cōme enſeuelies depuis douze cens ans? Que c'eſt à Luther, & à Caluin que tous ces titres d'honneur ſont deus : puiſque ce ſont eux, qui ont combattu les premiers la Grace ſuffiſante, & l'ont combattuë des meſmes armes, dont on l'attaque auiourd'huy : ce ſont eux qui ont donné cours à toutes ces opinions qui font tant de bruit, & qui les ont appuyées des meſmes paſſages de ſainct Auguſtin, qu'on nous obiecte : Ce ſont eux qui ont fait toutes ces merueilles ; Cét autre, auquel on les attribuë, n'a marché que ſur leurs pas, & n'a parlé qu'aprés eux.

Apologie 1. de Iansenius, page 10. 15. 91.

2. Il faut donc auoüer, ſi cette doctrine eſt veritable, & de ſainct Auguſtin, que toute la gloire de

l'auoir restablie est deuë à ces Heresiarques, que ce n'est point sans suiet que Beze s'écrie, *Caluin n'a-t'il pas abbatu le Pelagianisme?* Qu'vn des plus fideles disciples de Luther a raison de dire de luy, *Qu'il a fait comme renaistre sainct Augustin, dans ces derniers siecles, & qu'il a restably, & merueilleusement éclaircy sa doctrine, qui depuis si long temps estoit obscurcie.* Enfin il faut auoüer que les Iansenistes sont bien iniustes, lors qu'ils prennent quasi mot pour mot cét eloge, que Melancthon donne à Luther, pour l'appliquer à leur Maistre, & dire si souuent: *Qu'il a fait descendre sainct Augustin du Ciel, & qu'il a restably dans ce siecle sa doctrine, & l'a éclaircie parfaitement, douze cens ans aprés cét excellent Pere, & en vn temps auquel elle estoit mesprisée, & obscurcie.*

Beze en la vie de Caluin. Melanct. dans sa Declam. sur S. Augustin.

Apologie 1. de Iansen. page 10. 15.

Dem. Ne tirez-vous point d'autre conclusion de ce que le chef de ce nouueau party a pris toutes ses opinions dans les liures des Lutheriens, & des Caluinistes?

Resp. Ie conclus encore, qu'elles doiuent estre suspectes d'heresie. Car elles ne sont pas de celles, qui nous sont communes auec ces Heretiques: puisque eux-mesmes auoüent qu'elles les distinguent des *Papistes*, & qu'elles sont directement opposées aux sentimens de l'Eglise Romaine, & aux decisions du Concile de Trente. Ce que les Docteurs Catholiques, qui ont écrit contre eux sur ces matieres, maintiennent auec nous. Ils appellent toûiours ces opinions, *Les Heresies de Luther, & de Caluin*, & les combattent comme des erreurs condamnées par l'Eglise, & qui renuersent les principes de nostre Foy. Ie rapporteray fidelement les paroles des vns & des autres, quand nous examinerons en particulier les principaux poincts de cette doctrine.

Article III.

Les Catholiques qui ont écrit contre Caluin & Luther, ont fait voir que la doctrine des Iansenistes n'est point celle de sainct Augustin.

Demande. CEs opinions que les Papes foudroyent dans leurs Bulles sont-elles de sainct Augustin? i'en rencontre tant qui le soustiennent, & qui protestent que pour les condamner, il faut n'auoir pas leu les liures de ce grand Sainct.

Responce. Ie sçay bien que les Iansenistes parlent de la sorte, & qu'ils ont eu la hardiesse d'écrire *que cette Bulle* (c'est celle d'Vrbain VIII.) *est propre pour scandalizer le monde, parce qu'elle condamne la doctrine de sainct Augustin, comme les plus aueugles sont contraints de l'auoüer.* Mais c'est vn artifice qu'ils ont emprunté des Heretiques. Caluin dit que les Anathemes du Concile de Trente tombent sur sainct Augustin, & proteste que ceux qui en sont les autheurs, ne sçauent pas la doctrine de ce grãd Sainct. Melancthon fait la mesme plainte de Messieurs de Sorbonne, & dit qu'ils condamnent sainct Augustin, au lieu de Luther: Puis il adiouste, *Que cela monstre clairement que dans toute la Sorbonne, il n'y auoit personne qui eust leu sainct Augustin.* Il les prie en suite

Obseruations sur la Bulle, &c.

Caluin contre le Concile de Trente sur la Sess. 6.

Melancth. dans l'Apologie de Luther.

d'ouurir seulement sainct Augustin, & qu'ils ne trouueront pas vne page, qui ne les conuainque. Enfin il s'écrie: *Cela n'est-il pas estrange, que dans toute la Sorbonne il n'y ait eu personne, qui ait sceu l'opinion de sainct Augustin?*

Voila comme parlent les Lutheriens & les Caluinistes. Mais les Catholiques, qui les ont combattus, font voir clairement, que sainct Augustin est bien esloigné de ces opinions, qu'on luy attribuë: & les Docteurs de l'Vniuersité de Doüay sçauoient ce que leurs predecesseurs ont écrit, sur ce suiet, contre Caluin, quand ils firent il y a deux ans cette protestation à l'Archiduc: *Nous protestons que nous auons toûiours souhaitté que cette doctrine de Iansenius fust condamnée, & que iamais elle n'a infecté personne de nostre Faculté de Theologie. Nous auons mesme arresté d'vn consentement vnanime de prier tres-humblement vostre Altesse, qu'elle continuë d'extirper serieusement cette doctrine de Iansenius,* QVI N'EST POINT CELLE DE SAINCT AVGVSTIN.

Lettre de l'Vniu. de Doüay à l'Archiduc du 27. de Iuillet de l'an 1648.

Dem. Ne faut il pas auoüer, que c'est la doctrine de sainct Augustin, puisque ceux qui la soûtiennent font profession de suiure parfaitement ce grand Docteur, & se vantent de l'auoir leu beaucoup de fois?

Resp. Luther faisoit aussi bien qu'eux profession de ne suiure que sainct Augustin. Melancthon asseure, que l'opinion de Luther, touchant la Grace & le Libre Arbitre, est toute de sainct Augustin, & qu'il l'a entierement suiuy. Et pour le monstrer, il dit: *Que Lu-*

Luther liure de l'Arbitre esclaue.

Melanct. dans l'Apologie de Luther, & en

la Pref. du Tome 2. de Luther.

ther auoit leu plusieurs fois toutes les œuures de sainct Augustin, & qu'il s'en souuenoit parfaitement. Caluin parle encore plus auantageusement ; Il se vante, disent les Docteurs Catholiques, *d'auoir employé la plus grande partie de sa vie à lire exactement le seul sainct Augustin, & à penetrer tous les secrets de sa doctrine.* Il dit, *Qu'on peut connoistre par ses Ouurages, auec quelle diligence il auoit leu ce sainct Docteur, & combien il luy estoit familier.* Et proteste, *Qu'il ne dit rien de la Grace & du Libre Arbitre, que sainct Augustin n'ait dit en mesmes termes, & qu'il n'y a pas seulement vne syllabe de difference entre son opinion, & celle de ce Sainct.* Voila comme parlent ces Heretiques, qui pourtant sont bien esloignez des veritables sentimens de ce grand Docteur.

Horant. l. 1. chap. 32.

Camer. l. 1. chap. 5.

Caluin. l. 5. du Lib. Arb. page 199. & au liure de la Predestin.

Pennot l. 9. chap. 11.

Dem. Comment se peut-il faire que ces nouuelles opinions ne soient pas de sainct Augustin, puis qu'on les appuye de si beaux passages de ce grand Sainct ?

Resp. Les plus formels de ces passages ont esté employez par Caluin, pour combattre la doctrine de l'Eglise ; & c'est luy qui a inuenté toutes les explications, qu'on leur donne auiourd'huy. Ce qui fait croire que ceux de la nouuelle opinion ont plus leu sainct Augustin dans Caluin, que dans sainct Augustin mesme : Car autrement ils ne se seroient pas si bien accordez à prendre tous ces passages sur vn mesme suiet, & à leur donner les mesmes interpretations, qui sont pourtant si extraordinaires, que tant de personnes qui ont leu sainct Augustin

gustin depuis six cens ans, ne les auoient point découuertes. Cela se peut voir clairement en ce qu'ils soustiennent de la difference des deux Graces: *Qui n'est point*, disent les Docteurs Catholiques, *le sentiment de sainct Augustin, mais vn recueil & vne suitte de mensonges, composez par Caluin.*

Pennot. l. 9. c. 13. Horant. l. 1. c. 55. Mald. sur la 1. 2. de la diuision de la Grace, doute 4.

Et il ne se faut pas estonner que dans les œuures de cét incomparable Docteur, on trouue quelques paroles, qui estant mal entenduës, semblent fauoriser les Heresies de Caluin, touchant la Grace & le Libre Arbitre. Car comme le sçauant Facundus Hermianensis disoit fort bien il y a plus de mille ans: *Sainct Augustin ne pouuoit pas mieux parler que les Prophetes, que les Apostres, & les Euangelistes, dont beaucoup d'Heretiques tirent des sentences mal entenduës, pour defendre leurs erreurs.* Caluin & ceux de son parti, qui nous obiectent plusieurs passages de sainct Augustin, pour combattre la Grace Suffisante, ou pour monstrer que nous pechons necessairement, & que la seule contrainte blesse la liberté: en rapportent encore dauantage, & en apparence de plus difficiles, pour attaquer l'adorable Sacrement de l'Eucharistie. Mais les Docteurs Catholiques ont fait voir clairement, qu'ils se trompent en l'vn & en l'autre. Ie puis mesme dire, qu'ils n'ont pas eu tant de peine à monstrer euidemment, que sainct Augustin ne nie point la Grace Suffisante, ny l'indifference de la liberté, qu'ils en ont eu à faire voir qu'il ne fauorise point l'erreur des Sacramentaires; car pour cecy il a fallu des Tomes & des Volumes

Facundus contre Mocian, p. 562.

tous entiers, comme eſt celuy de Mr le Cardinal du Perron, dans lequel il répond à cent paſſages de ſainct Auguſtin, que les Caluiniſtes alleguent contre ce diuin Sacrement: & pour les autres il n'a fallu que quelques chapitres de leurs ouurages, comme eſt le 49. du 1. l. que le Docteur Horantius, qui eſtoit vn des Theologiens du Concile de Trente, a écrit contre Caluin, dont voicy le titre: *Que ſainct Auguſtin aſſeure que nous n'auons pas ſeulement cette liberté qui exclut la contrainte; mais encore celle qui exclut la neceſſité.* Et le 51. qu'il intitule: *Que ſainct Auguſtin n'a iamais enſeigné qu'on peche neceſſairement.*

Article IV.

Ce que diſent les Ianſeniſtes, que les opinions contraires à celles qu'ils defendent, ſont Pelagiennes, eſt vne impoſture, qu'ils ont priſe des derniers Heretiques, & que les Docteurs Catholiques ont fortement refutée.

Demande. IE ne me trouue iamais auec les Ianſeniſtes, que ie ne les entende parler des nouueaux Pelagiens: Ils font meſme des prieres publiques pour leur conuerſion: Et quand on leur demande plus d'éclairciſſement ſur ce ſuiet, ils diſent hautement, que les opinions de ceux qui les combattent ſont Pelagiennes. Cela eſt-il vray?

Reſponſe. Tout ce qu'ils en diſent eſt copié des Lutheriens & des Caluiniſtes: Ils ont ſeulement changé ces noms, *le Concile de Trente, les Papiſtes, les Sorboniſtes*, en celuy de *nouueaux Theologiens*. Les

Heretiques proteſtent, que le *Concile de Trente ne condamne le Pelagianiſme qu'en apparence*, & que *les Papiſtes ſont effectiuement Pelagiens, quoy qu'ils ſemblent le deſauoüer*. N'eſt-ce pas ce que les Ianſeniſtes diſent des *nouueaux Theologiens*? Les Heretiques pour décrier la doctrine Catholique, en font de grandes comparaiſons auec celle des Pelagiens, & & leur donnent pour titre: *Paralleles de l'opinion des Papiſtes, auec celle des Pelagiens*. Les Ianſeniſtes n'ont-ils pas fait le meſme, & n'ont-ils pas intitulé ce bel ouurage: *Parallele de l'opinion de quelques Scholaſtiques, auec celle des Semi-Pelagiens*? Les Heretiques diſent, *Que les Sorboniſtes, les Papiſtes, & les Peres du Concile de Trente ſont Pelagiens, parce qu'ils ſouſtiennent que la Grace nous eſt tellement preſentée, qu'il eſt en noſtre liberté d'y reſiſter, comme il eſtoit en celle d'Adam*. Les Ianſeniſtes ne pretendent-ils pas, que les nouueaux Scholaſtiques ſoient declarez Pelagiens, pour les meſmes raiſons?

Chemnit. ſur la Seſſ. 6. du Conc. de Trente. Synode de Dordrecht, page 718. Martyr tit. du Libre Arbitre.

Caluin l. 3. du Libre Arbitre. Ianſenius Parallele de l'opinion, &c.

Caluin Inſt. l. 1. c. 3. n. 13. Zanch. l. 1. c. 6. the. 7. Synode de Dord page 723. 730. Ianſenius l. 2. de la Grace de I. C. c. 9. 12. Parallele, chap. 1.

Les Heretiques font tous leurs efforts pour décrier la Grace Suffiſante, & diſent: *Que les Sorboniſtes, & les Papiſtes ſont frenetiques, Pelagiens, pires que Pelagiens, parce qu'ils admettent vne Grace Suffiſante*. Les Ianſeniſtes ne déchirent-ils pas les nouueaux Theologiens, pour le meſme ſuiet, & auec des paroles auſſi outrageuſes? Les Heretiques accuſent de Pelagianiſme cette deciſion du Concile de Trente: *Quoy que* IESVS-CHRIST *ſoit mort pour tous les hommes; tous les hommes pourtant ne reçoiuent pas le bienfait de ſa mort*. Les Ianſeniſtes ne veulent-

Caluin Inſtit. lib. 2. c. 2. & 3. Ameſ. Tome 4. p. 65.

Pareus l. 5. du Libre Arb p. 903. Ianſenius parall. c. 2. l. 3. de la Grace de I. C. c. 3. 12. &c.

Synode de Dordrecht page 354. Beze dans l'Apol. du Colloque de Monbell. Caluin l. 2. de son Inst. c. 5. & sur la Sess. 6. du Concile de Trente.

ils pas faire passer la mesme opinion pour Pelagienne? Les Heretiques, pour affoiblir les preuues, que les Catholiques tirent de la nature du peché, qui est telle qu'on le peut éuiter: des Commandemens de Dieu, qui ne nous obligent point, si nous ne pouuons les obseruer, & d'autres semblables, dont on combat les erreurs de Caluin, disent, *Que ce sont les armes, que les Pelagiens ont employez, pour attaquer sainct Augustin.* Les Iansenistes ne se seruent-ils pas du mesme artifice, pour décrier les mesmes argumens? Enfin toutes les opinions que les Iansenistes condamnent maintenant de Pelagianisme, sont celles mesmes, pour lesquelles Caluin, & ceux qui le suiuent, ont appellé les Peres du Concile de Trente, Messieurs de Sorbonne, & tous les Catholiques, Pelagiens.

Il n'est donc pas necessaire de se mettre beaucoup en peine de combattre cette imposture. Les Docteurs Catholiques l'ont desia terrassée, & conuaincuë de fausseté, quand ils ont defendu la Doctrine de l'Eglise contre les calomnies de Caluin. Ie rapporteray leurs réponses, quand nous traitterons en particulier de leurs principales maximes. Ce m'est assez de remarquer icy ces paroles d'vn des plus illustres defenseurs de la Foy, qui nous peuuent seruir d'vne réponse generale. *Le grand artifice des Protestans quand il s'agit de la Grace & du Libre Arbitre, est d'accuser les Catholiques de Pelagianisme. Cette finesse est subtile, mais vuide de solidité, & pleine de malice.*

Stapleton Tome 2. page 410.

CHAPITRE II.

Du Libre Arbitre.

ARTICLE I.

Que l'opinion des Ianſeniſtes touchant le Libre Arbitre eſt celle des derniers Heretiques.

Demande. QVELLE eſt la principale, & la plus dangereuſe de ces nouuelles opinions, que les Ianſeniſtes ont priſes de Caluin, & des autres ennemis de l'Egliſe?

Reſponſe. C'eſt celle du Libre Arbitre. Les Heretiques meſmes, qui en ſont les veritables Autheurs, auoüent que c'eſt la maxime fondamentale de leur doctrine : & les Catholiques qui les ont combattus, en demeurent d'accord. *La doctrine du Libre Arbitre*, dit le Cardinal Bellarmin, *tient le premier lieu entre les erreurs de nos Heretiques : Luther meſme en parle en ces termes, dans la defenſe de l'article 36. Dans les autres queſtions, il dit, qu'on pourroit ſouffrir la legereté & la folie du Pape, & de ceux qui ſont attachez à ſes intereſts : Mais dans cét article du Libre Arbitre, qui eſt le principal, & qui fait comme l'abregé de toute noſtre doctrine, il faut auoüer que la fureur qui transporte ces malheureux, eſt bien deplorable.* Cét Heretique dit encore le meſme, ſur la fin de ſon liure de l'Arbitre Eſclaue, & loüe celuy qui l'auoit attaqué ſur cette matiere, de ce qu'il a ſi bien reconnu *le poinct principal de ſa doctrine.*

Bellarmin dãs la Preface du Libre Arbitre.

Mais il n'eſt pas beſoin de ces preuues eſtrangeres, pour faire voir que la plus dangereuſe des opinions, que les Ianſeniſtes ont empruntées de l'Hereſie du dernier ſiecle, eſt celle du Libre Arbitre ; il ne faut que prendre garde à la maniere, dont leur Maiſtre la traitte. Pour les autres queſtions il ne ſe met en peine que de l'authorité de ſainct Auguſtin, & de ſes diſciples : pour celle-cy, il taſche de la prouuer par le conſentement de tous les Saincts Peres : dans beaucoup d'autres il auouë que les Peres Grecs luy ſont contraires, & les accuſe d'eſtre en cela Semi-Pelagiens : dans celle-cy, il s'efforce de tirer ces Peres Semi-Pelagiens de ſon coſté, & apporte beaucoup de paſſages de chacun en particulier. Quand il traitte des autres, il ne parle quaſi iamais des Theologiens Scholaſtiques, que pour en dire du mal, & pour proteſter auec Luther & Caluin, que depuis cinq cens ans ils ont corrompu toute la doctrine de l'Egliſe : & quand il eſt queſtion de celle-cy, il s'efforce de l'appuyer de l'authorité de tous ces corrupteurs de la bonne doctrine : il les cite quaſi tous en particulier, & leur donne à chacun vn chapitre tout entier. Ces grands efforts qu'il fait, & ce ſoin ſi extraordinaire qu'il apporte pour eſtablir cette opinion, en monſtrent aſſez les dangereuſes conſequences.

Ianſenius dans tout le l. 7. & 8. de la Grace de Ieſus-Chriſt.

Tome 3. liu. 3 c. 20 Tome 1. liu. 7. c. 17.

Liu. 1. c. 28. & 30. Luther dans les Articles condamnez par la Sorbonne Caluin dãs l'Antid. du decret de Sorbonne.

Dem. Quel eſt le grand ſecret de ſa doctrine ſur ce ſuiet ?

Reſp. Il ſouſtient que le Libre Arbitre, & cette veritable liberté, qui eſt neceſſaire en cette vie, pour

Ianſen. dãs tout le liure 6. de la

le merite & pour le demerite, & qu'il faut accorder auec la Grace efficace, n'est point opposée à la necessité volontaire, comme est celle, qui se rencontre dans l'amour des Bien-heureux, mais seulement à cette necessité de contrainte, & de violence interieure, que la volonté ne peut souffrir, & qui feroit que ses actes ne seroient point volontaires. Il prouue cette opinion par l'exemple de Dieu, qu'il dit estre libre de cette veritable liberté, dans les choses qu'il veut necessairement, comme dans l'amour de soy-mesme. Il la prouue encore par l'exemple des Bien-heureux, & pretend que leur amour qui est parfaitement necessaire, est parfaitement libre de cette veritable liberté.

Grace de Iesus-Chr. & principalement dás le chap. 6.

Chap. 7.

Chap. 8.

Dem. Que pensez-vous de cette opinion expliquée, & prouuée de la sorte?

Resp. C'est celle de Wiclef, de Luther, de Caluin, & des autres Heretiques de ce temps. Ils la soûtiennent tous en mesmes termes, & la prouuent de la mesme maniere. Wiclef dit nettement que la seule *necessité de contrainte oste la liberté*; & le prouue : *Parce que Dieu ne laisse pas d'estre libre en ce qu'il fait necessairement, comme en la production du S. Esprit: & que les Anges ont vne veritable liberté en ce qu'ils font auec vne souueraine necessité.* Ne diriez-vous pas que c'est vn Iansseniste qui parle?

V. Id. l. 1. art 1. c. 22. & 25.

Luther proteste qu'il ne nie pas cette liberté, qui n'est opposée qu'à la contrainte. Ses disciples le disent encore plus clairement; car ils soustiennent, comme l'explique le plus subtil de tous, *Que ce n'est*

Luther liu. de l'Arbitre Esclaue.

Zanchius l. 1. c. 6. th. 1. page 84.

pas la necessité, mais la contrainte qui blesse le Libre Arbitre : & le prouuent en ces termes : *Dieu n'a-t'il pas vn Libre Arbitre en ce qu'il fait necessairement ? Les Anges & les Bien-heureux ne font-ils pas auec vne pleine liberté, ce qu'ils font auec vne grande necessité ?*

Cal. l. 2. du Libre Arbitre.

Caluin & ceux qui le suiuent disent le mesme : *Si la liberté* (ce sont les paroles de cét Heresiarque) *n'est opposée qu'à la contrainte, i'auouë qu'il y a vn Libre Arbitre, ie le soustiens constamment, & tiens pour Heretique celuy qui le nie : si dis-ie on appelle la volonté libre, parce qu'elle n'est point forcée, contrainte, & comme violentée.* Et autre part : *Quand ie dis que nous pechons necessairement, ceux qui ne sçauent pas distinguer la necessité d'auec la contrainte, ne le peuuent souffrir. Mais que répondront ils, si ie leur demande : Dieu n'aime-t'il pas necessairement sa bonté ? &c. puis donc que la necessité n'oste point à Dieu le Libre Arbitre, pourquoy pecherions nous moins librement, parce que nous le faisons auec necessité ?* Et du Moulin ramasse toute la pensée de son Maistre en ce peu de mots : *La necessité ne repugne point à la liberté ; mais la contrainte : ainsi Dieu necessairement bon, est souuerainement libre.* Tous les Iansenistes ne sçauroient expliquer plus nettement leur doctrine, qu'a fait cét Heretique.

Liure 2. de son Instit. chap. 3.

Du Moulin Bouclier de la Foy, c. 9.

Ie ne veux pas m'arrester dauantage à faire voir que cette opinion est celle de Caluin. Cela est si euident, que l'Autheur mesme de ces nouueautez a esté contraint de l'auoüer. Il dit nettement, & le repete deux ou trois fois, *Que Caluin tient aussi que la seule contrainte ruine le Libre Arbitre.* Ie me serois

Iansen. l. 8. de la Grace de I. C. c. 21.

ſerois contenté d'vne confeſſion ſi naïue & ſi publique, & n'aurois point rapporté les paroles des Caluiniſtes, ſi ie n'euſſe eu deſſein de faire voir qu'il n'auoit pas ſeulement pris des Heretiques cette opinion, mais encore les plus fortes raiſons dont il l'appuye.

ARTICLE II.

Les Caluiniſtes & les Lutheriens auoüent que cette opinion de la liberté eſt contraire aux ſentimens de l'Egliſe Romaine, & qu'elle les diſtingue des Catholiques.

Demande. TOVT ce que diſent les Heretiques n'eſt pas Heretique : Ces ennemis de l'Egliſe s'accordent quelquefois auec elle, & tiennent beaucoup d'opinions, qu'elle approuue : celle dont il s'agit n'eſt-elle point de ce nombre ?

Reſponſe. Eux-meſmes diſent que non : & auoüent que c'eſt en cecy particulierement qu'ils different des Catholiques, dans les controuerſes de la Grace & du Libre Arbitre. Voicy comme en parle vn des plus ſçauans Caluiniſtes, dans l'abregé qu'il a fait de la doctrine de ſon Maiſtre. *L'eſtat de la premiere controuerſe qui eſt entre nous & les Papiſtes, eſt de ſçauoir ſi cette liberté, qui exclut la contrainte, ſuffit pour eſtablir le Libre Arbitre : les Papiſtes le nient ; & nous le ſouſtenons.* Et en vn autre endroit : *Nous differons des Papiſtes, en ce que nous diſons, que la ſeule contrainte ruine le Libre Arbitre, & eux ſouſtiennent que la neceſſité le fait auſſi.* Et le fameux Piſcator, l'vn des plus

Schar[illegible] l. 2. c. [illegible] & c. [illegible].

Piſcator en ſes Theſes imprimées 1596.

opiniastres Caluinistes de ce siecle, aprés auoir dit que selon l'opinion de Caluin, *la seule contrainte blesse le Libre Arbitre :* adiouste : *Voyons maintenant si les Catholiques pretendus ont raison de dire, que la necessité repugne aussi à la liberté.* Le Ministre Chamier en parle quasi en mesmes termes, & il est si euident que c'est là le nœud de la controuerse, qui est entre les Catholiques, & les nouuelles Heresies touchant le Libre Arbitre, que Bucer proteste : *Que si l'on veut auoüer que la seule contrainte repugne à la liberté, il n'y aura plus de guerre touchant le Libre Arbitre entre les Catholiques, & les Lutheriens.* Ceux de la nouuelle opinion sont donc parfaitement d'accord auec ces Heretiques, puis qu'ils leur auouënt tout ce qu'ils demandoient.

Chamier Tome 3. l. 2. chap. 1.

Bucer l. de la Concorde.

Article III.

Les Docteurs Catholiques, qui ont écrit contre les Caluinistes & Lutheriens, disent que la mesme opinion est Heretique.

Demande. Les Catholiques auouënt-ils aussi que c'est-là le poinct de la Controuerse, & que c'est en cela que ces Heretiques sont contraires aux sentimens de l'Eglise Romaine ?

Response. Tous le disent d'vn commun consentement, & parmy tant d'Autheurs Catholiques qui parlent de cette opinion des Caluinistes, il n'y en a pas vn seul, qui ne la condamne d'Heresie. Mr Yſambert, qui est vn des plus illustres Docteurs

M. Ysambert disp. 1. du Lib. Arbitre art. 2.

de la Sorbonne, en parle en ces termes : *La seule dispute qui est entre nous & les Heretiques regarde ces deux sortes de liberté, dont l'vne exclut la contrainte, & l'autre la necessité. Car les Heretiques voyans que l'Escriture saincte & les Peres parlent du Libre Arbitre, l'admettent aussi, pour ne sembler pas leur estre contraires, mais ils veulent que le Libre Arbitre soit seulement libre de cette liberté, qui est opposée à la contrainte. C'est ce que soustient Bucer dans le Liure de la Concorde, &c. & Caluin, &c. contre lesquels i'auance cette proposition : Il est necessaire pour establir le Libre Arbitre, que la liberté qui est opposée à la necessité s'y rencontre, & cette autre liberté qui n'exclut que la contrainte, ne suffit pas. Cette proposition est de la Foy.* Et en autre lieu : *Le Libre Arbitre*, dit-il, *n'exclut pas seulement la contrainte, mais aussi la necessité : parce que Caluin, & tous les autres Heretiques de ce siecle, que l'Eglise a condamnez pour auoir nié le Libre Arbitre, ne nioient point cette liberté qui exclut la contrainte, mais seulement celle qui exclut la necessité, & neantmoins ils sont condamnez comme Heretiques.* Peut-on parler plus clairement ? Monsieur du Val, qui est encore vne des plus belles lumieres de la Sorbonne, traitte cette opinion auec la mesme rigueur : *Caluin*, dit-il, *admet en apparence le Libre Arbitre, mais en effet il le destruit : Car il soûtient que la liberté n'exclut point la necessité, mais seulement la contrainte.*

Traitté de l'Incarn. disp. 1. de la lib de N. S. art. 2.

M. du Val traitté des Actions Hum. q. 3. art. 1.

Les Docteurs de Louuain & de Doüay ne sont pas plus fauorables à cette opinion, Mr Malderus Euesque d'Anuers, dit : *Que l'erreur des Heretiques*

Mald. disp. 56 & 59. sur la 1. p.

de ce temps est qu'ils soustiennent, que la seule contrainte oste la liberté, & qu'il ne faut pas plus pour faire vne action libre, que pour la faire volontaire. Le Docteur Vuigers, que quelques Iansenistes loüent extraordinairement, aprés auoir dit: *Que Caluin, Luther, & les autres Heretiques de ce temps, soustiennent que la liberté qui nous reste n'exclut point la necessité, mais seulement la contrainte:* adiouste, *Que cette opinion est contre la Foy.* Et le Docteur Estius, que ceux de la nouuelle opinion ne nomment quasi iamais sans luy donner quelque bel eloge, dit: *Que l'Heresie de Caluin, de Bucer, & d'autres touchant la liberté, est qu'ils veulent que la seule contrainte, & non point la necessité, ruine le Libre Arbitre.* Ce qu'il dit estre contraire aux sentimens de l'Eglise, & aux decrets du Concile de Trente.

Vuig. sur la 1. 2. q. 6. art. 2.

Estius sur le 2. des sent. dist. 24. §. 1.

Les autres Docteurs Catholiques de quelque païs & de quelque condition qu'ils soient, c'est à dire les François, les Italiens, les Allemans, les Espagnols, les Flamans, & ceux qui ne sont pas Religieux, aussi bien que ceux qui le sont, condamnent de la mesme façon cette opinion des Caluinistes, & le sçauant Pennot exprime tres-bien leur sentiment, quand il écrit: *Que dans ce dernier siecle il ne s'est trouué pas vn Docteur Catholique, qui ait tenu, que la veritable liberté n'est opposée qu'à la contrainte:* Parce que *c'est l'opinion des Caluinistes, qui est euidemment contre la Foy, & contre la Doctrine de l'Eglise.* Ceux-là mesme qui defendent auec plus d'ardeur la predetermination physique, disent: *Que c'est vne er-*

Pennot. l. 9. c. 7. & 17.

Cabrera sur la 3. p. q. 18. art. 3.

reur contraire à la Foy & aux Conciles, de soustenir que la liberté de nostre volonté, qui est capable de merite & de recompense, n'est point opposée à la necessité, mais à la seule contrainte. Et que *c'est en cela que consiste l'heresie des Caluinistes.* Voila comme tous les Docteurs Catholiques, sans en excepter vn seul, reiettent cette doctrine de Caluin, comme Heretique, & comme contraire aux sentimens de l'Eglise ; & neantmoins les Iansenistes l'approuuent, & la soustiennent auec ardeur.

Aluarez l. 1. de Aux. disp. 3.

ARTICLE IV.

Les raisons qu'apportent les Docteurs Catholiques, pour monstrer que cette opinion de Caluin touchant la liberté, est Heretique.

Demande. SVRQVOY se fondent les Docteurs de l'Eglise Romaine, quand ils appellent cette opinion Heretique?

Response. Premierement, sur beaucoup de passages de l'Escriture saincte, dont le principal est celuy de l'Ecclesiastique, chap. 15. ils s'en seruent quasi tous, & particulierement le Docteur Estius, le Cardinal Bellarmin, & le sçauant Pesantius. Voicy comme ce dernier parle: *Ie dis que le Libre Arbitre n'exclut pas seulement la contrainte, mais aussi la necessité. Cela est de la Foy: Premierement, parce que l'Escriture dit en l'Ecclesiastique, chap. 15. Dieu a fait l'homme, & l'a laissé à sa liberté, il a mis deuant luy l'eau & le feu, &c.*

Estius sur le 2. des sent. distinct. 24. § 7. 1. Bellarmin l. 3. de la Grace & du Lib. Arbitre c. 4. Pesant sur 1. 2. q. 6. ar. 3 disp. 4.

Vincent Lenis l. 2. c. 6. §. 2. *Dem.* Les Ianſeniſtes pour ſe défaire de ce paſſage, diſent qu'il ne ſe doit entendre que du premier homme, qu'ils auouënt n'auoir pas ſeulement eſté exempt de contrainte, mais auſſi de neceſſité; que iugez vous de leur réponſe?

Reſp. Ie ne ſçaurois conceuoir comme ils ont la hardieſſe de ne rien dire, que ce qu'ils ont pris des Heretiques. Tous les Caluiniſtes ſe ſeruent de cette défaite, comme tous les Catholiques du paſſage que ie viens d'alleguer. Vous le verrez aſſez par ce qu'en dit l'vn des plus celebres diſciples de Caluin, Cham. Tome 3. l. 3. c. 14. c'eſt le Miniſtre Chamier, qui n'eſt que trop connu en France: *Il ne reſte plus*, dit-il, *que le texte de l'Eccleſiaſtique, chap. 15. dont les paroles ſemblent ſi claires & ſi inuincibles aux Papiſtes, qu'il ne s'en trouue pas vn, qui ne les ait dans la bouche, quand il s'agit de cette queſtion. Mais Caluin répond que l'Eſcriture ne parle en cét endroit, que de l'eſtat du premier homme auant ſon peché.* Voila d'où les Ianſeniſtes ont pris cette ingenieuſe réponſe.

Clhit. ſur le Concile de Sens. Vega l. 2. c. 13. Horant. l. 1. c. 44. Bell. l. 5. de la Grace c. 22. Mais il y a long temps que les Docteurs Catholiques l'ont combattuë, & ont fait voir qu'elle eſt extrauagante. Mr Chlitou, les Docteurs Vega, & Horantius, qui eſtoient des Theologiens du Concile de Trente; le Cardinal Bellarmin, Mr Yſambert, & Mr de Gamache la refutent nettement. Yſamb. diſpute 7. du Lib. Arbitre art. 6. Gamac. ſur la 1. 2. q. 13. chap. 5. Voicy les paroles du dernier: *Les Heretiques diſent que ce paſſage de l'Eccleſiaſtique s'entend du premier homme, mais on ne peut nier qu'il ne parle auſſi de l'homme dans cét eſtat de la nature corrompuë: car c'eſt la ré-*

ponse qu'il fait à ceux, qui disoient de son temps : C'est Dieu qui ne me donne pas le moyen de bien faire, &c. Mr Ysambert adiouste pour fortifier cette réponse, que sainct Augustin prouue par ce passage, que dans l'estat où nous sommes, nous auons vn Libre Arbitre, & qu'aprés l'auoir cité tout entier, il s'écrie : *Voila nostre Libre Arbitre parfaitement bien exprimé.* C'est donc vne extrauagance à Caluin, de soustenir que ces paroles du Sage ne se doiuent entendre que du premier homme.

S. Augustin l. de la Grace, & du Libre Arbitre chap. 2.

Dem. Les Iansenistes adioustent, que ce passage de l'Escriture saincte, & autres semblables, ne parlent point de la liberté en general, comme elle se rencontre dans Dieu, dans les Anges, & dans les hommes; *mais de la liberté des hommes voyageurs, qui n'est pas seulement exempte de contrainte, mais aussi de cette necessité volontaire, qui est immuable : c'est à dire qu'elle est indifferente à agir ou à ne pas agir :* Cette réponse est-elle plus raisonnable que la premiere?

Iansen. to. 1. 6 c. 34. Apologie 2. de Iansen. l 3. c. 3.

Resp. C'est la seconde défaite du Ministre Chamier : *Secondement*, dit il, *ie nie que le Sage parle en ce lieu du Libre Arbitre en general, il est seulement question de la liberté de l'homme voyageur; mais il faut auoir bien d'autres sentimens du Libre Arbitre de Dieu, des Anges, & des Demons, lequel consiste dans l'immutabilité.* Cette réponse des Caluinistes, & de ceux qui les suiuent, n'est qu'vn déguisement honteux du suiet de nostre dispute. Car pour ne point parler de la liberté de Dieu, & des Anges, dont nous traitterons cy-aprés, quand ils auouënt que la liberté des hommes voyageurs eſt exempte de neceſſité, ils ne parlent que de la neceſſité, qui eſt immuable; & quand ils diſent que noſtre volonté *eſt indifferente à agir, ou à ne pas agir*, ils ne prennent *l'indifference* que pour vne *mutabilité*, qui conſiſte à faire tantoſt le bien, tantoſt le mal, quoy qu'on faſſe l'vn & l'autre, auec vne ſouueraine neceſſité. Mais les Docteurs de l'Egliſe Romaine pretendent, & ceux que i'ay nommez le prouuent bien, que ce paſſage de l'Eccleſiaſtique monſtre clairement, que nous auons encore dans cét eſtat de la nature languiſſante, cette indifference d'agir ou de ne pas agir, qu'Adam receut en ſa naiſſance, & qui n'exclut pas ſeulement la neceſſité volontaire, qui eſt immuable, mais encore celle, qui ne dure que quelque temps, & que Caluin veut introduire.

Dem. Surquoy encore ſe fondent les Docteurs Catholiques, quand ils diſent que cette opinion des Caluiniſtes touchant la liberté, eſt Heretique?

Resp. Sur l'authorité de tous les Conciles, qui ont condamné d'Hereſie ceux, qui nient le Libre Arbitre. Voicy le raiſonnement de ces Docteurs, qui me ſemble inuincible: *Tous les Heretiques*, dit Mr Yſambert, *qui ont iamais eſté condamnez par l'Egliſe pour auoir nié le Libre Arbitre ne nioient point cette liberté, qui exclut la contrainte, mais ſeulement celle qui exclut la neceſſité: & neantmoins ils ont eſté condamnez comme Heretiques.* Mr Cunerus Eueſque de Lieuarden l'exprime de la ſorte: *Iamais il n'y a eu de diſpute en*

M. Yſambert Traitté de l'Incarn. diſp. 1. de la liberté de N S a. 2.

Cuner. l. du Lib. Arbitre, chap. 5.

en l'Eglise touchant cette liberté, qui n'est esteinte, que par la violence. Car comme adiouste Ruardus Tapper. *Iamais les Manicheens, ny Laurens Valle, ny aucuns Heretiques n'ont nié cette liberté, qui n'est blessée que par la contrainte. Il faut donc dire*, conclut le Docteur Estius, *que la veritable liberté, que l'Eglise a tousiours defenduë contre les anciens & nouueaux Heretiques, est celle qui exclut la necessité.* Ce raisonnement est puissant, & monstre clairement, que l'opinion de Caluin & des Iansenistes a esté condamnée par tous les Conciles, qui ont definy, que l'homme en l'estat de la Nature corrompuë, auoit vn Libre Arbitre.

Tapp. ar. 1.

Estius sur le 2. des Sent. dist. 7. §. 7.

Les mesmes Docteurs disent, que le Concile de Trente a encore plus nettement condamné cette opinion : *Et pour monstrer*, dit Estius, *combien il est necessaire de tenir cette doctrine; par laquelle nous disons, (contre Caluin & Bucer) que pour estre veritablement libre, ce n'est pas assez d'estre dégagé de la contrainte, mais qu'il le faut estre aussi de la necessité; remarquez que le Concile de Trente, sess. 6. chap. 5. dit que l'homme consent librement à l'inspiration diuine, parce qu'il la peut reietter: & au Canon 4. le Libre Arbitre peut consentir, ou ne pas consentir à l'inspiration de Dieu.* D'où il conclud que cette opinion de Caluin est manifestement Heretique. Les autres Docteurs Catholiques, & entre autres M. Ysambert, Wigers, Pesantius, Pennottus, & le Cardinal Bellarmin, en tirent la mesme conclusion, & ce dernier raisonne de la sorte : *Le Concile a voulu definir que nous auons cette liberté, que les Heretiques du dernier siecle nous ont voulu rauir. Or il est*

Estius sur le 2. des Sent. dist. 24. §. 1.

M. Ysamb. disp. 1. du Lib. Arb. art. 2. Wig. sur la 1. 2. q. 6. a. 2. Pesant. sur la 1. 2. q. 6. ar. 2. disp. 4. Penn. l. 1. c. 6. Bellar.

liu. 1. de la Grace, & du Libre Arb. chap. 4. *asseuré, que ces Heretiques ne nous ont point osté la liberté, qui est opposée à la violence, mais seulement l'autre, qui exclut la necessité ; donc le Concile a voulu definir que nous auons cette liberté, qui exclut la necessité.* Et cela

Chamier Tome 3. l. 1. c. 3. est si manifeste, que les Caluinistes mesmes, qui sçauent bien distinguer les Canons du Concile de Trente qui ne choquent point leur doctrine, de ceux qui la combattent & la ruinent, confessent naïuement, que ceux-cy l'attaquent, & la condamnent.

Dem. Les Docteurs Catholiques ont-ils quelque autre raison conuainquante, pour monstrer que cette Doctrine de Caluin est condamnée par l'Eglise?

Resp. Ils le prouuent quasi tous par les Bulles des

Pennottus l. 1. c. 16. Papes Pie V. & Gregoire XIII. Voicy les paroles d'vn des plus habiles : *Cette opinion de Caluin, qui soûtient que la seule contrainte ruine le Libre Arbitre, est vne erreur manifeste dans la Foy; parce que les Bulles des Papes Pie V. & Gregoire XIII. condamnent ces propositions : Ce qui se fait volontairement, quoy qu'il se fasse auec necessité, se fait pourtant librement :* Et, *La seule violence repugne à la liberté naturelle de l'homme.* Cette preuue est si conuainquante contre la doctrine

Chamier Tome 3. l. 2. c. 3. de Caluin, que le Ministre Chamier auouë, qu'on n'y peut répondre autrement, qu'en disant : *Que ces Papes ne doiuent auoir aucune authorité parmy les veritables Catholiques.*

La réponse des Iansenistes n'est pas si insolente ; mais elle est toutefois bien iniurieuse au S. Siege.

Ils disent 1. *Que ces Papes ont eu égard à cette notion de la liberté, qui est maintenant en usage : selon laquelle les Scholastiques disent, que rien n'est libre, que ce qui se fait pour le moins auec vne indifference de contradiction, ce que les anciens Peres n'ont iamais reconnu : & dans ce sens l'vne & l'autre de ces propositions est fausse ; car ce n'est pas assez pour cette sorte de liberté, qu'vne chose soit volontaire, & qu'elle se fasse sans contrainte ; il faut encore que celuy qui la fait puisse ne la pas faire.* Penetrez, ie vous prie, le secret de cette réponse. Ils disent que les Papes condamnent ces deux propositions, parce qu'elles sont fausses, dans le sens que les Scholastiques d'auiourd'huy donnent à la liberté : Ils disent en mesme temps que ce sens des Scholastiques est contraire aux sentimens des anciens Peres. Ils adioustent ailleurs : *Qu'il renuerse tous les principes de la doctrine de sainct Augustin, qu'il blesse les plus tendres sentimens de la pieté Chrestienne, qu'il choque le sens commun, & qu'il est Pelagien.* Ils veulent donc dire, que les Papes condamnent ces propositions, parce qu'elles sont fausses, dans vn sens qui est Pelagien, & qui renuerse toute la doctrine de sainct Augustin. Peut-on faire vne réponse plus outrageuse au sainct Siege ? & n'est-ce pas dire des Bulles de Pie V. & de Gregoire XIII. ce qu'ils ont écrit depuis de celle d'Vrbain VIII. *Qu'elle est propre pour scandaliser le monde, parce qu'elle condamne la doctrine de sainct Augustin ?*

Iansenius Tome 3. l. 6. c. 36.

Iansenius Tome 3. l. 7. c. 14.

Obseruations sur les Bulles, &c.

Ils disent en second lieu, que ces Papes ont voulu seulement condamner ce que Baïus soustenoit auec les Heretiques de ce temps-là, que les premiers mouuemens de la concupiſcence ſont libres. Et pour monſtrer que c'eſt l'opinion de Baïus, ils diſent qu'il vouloit que ces premiers mouuemens fuſſent des pechez. Cette réponſe eſt en apparence plus reſpectueuſe, que la premiere: Mais elle eſt ſi contraire à la verité, qu'on a mis l'autre en teſte, comme la plus forte. Certes les Caluiniſtes & les Lutheriens auouënt qu'vn acte de la volonté, pour eſtre libre, *ne doit pas ſeulement eſtre ſans contrainte, mais auſſi auec connoiſſance & iugement:* & c'eſt ce qu'ils pretendent, quand ils ſouſtiennent, que le *libre* & le *volontaire* ſont la meſme choſe, car ils prennent le mot de *volontaire* dans le ſens ordinaire de l'Eſchole, & ſelon la definition, qu'en donne Ariſtote, lors que *voulant diſtinguer*, ce ſont les paroles de Caluin, *le volontaire de ce qui ne l'eſt pas*, il dit; *Que ce qui ne l'eſt pas ſe fait par force, ou par ignorance.* Ces premiers mouuemens, qui nous échapent, auant que la raiſon s'en ſoit apperceuë, ne ſont donc pas volontaires, en l'opinion de Baïus, qu'on dit eſtre la meſme, que celle des Caluiniſtes, & par conſequent il ne les renfermoit pas dans cette propoſition, que les Papes condamnent: *Ce qui ſe fait volontairement, quoy qu'il ſe faſſe auec neceſſité, ſe fait librement.*

Du Moulin éclairciſſement des controuerſes, &c. page 51. Caluin l. 3. du Lib. Arb. Zach. Vrſinus, q. 1. du Lib. Arb. & q. 1. du peché.

Mais il faut bien, dit-on, que ces mouuemens non preueus ſoient libres & volontaires dans la penſée de Baïus, & des Caluiniſtes, puis qu'ils les appellent de veritables pechez. Cette conſequence, qui fait l'vnique fondement de cette réponse, est tres-fausse, & pour le reconnoistre il ne faut que lire la 50. proposition de Baïus : *Il n'est point*, dit-il, *de l'essence & de la nature du peché, qu'il soit volontaire.* C'est vne maxime qu'il a empruntée des Caluinistes, & ces Heretiques s'en seruent pour monstrer que les mouuemens indeliberez de la concupiscence, peuuent estre de veritables pechez, quoy qu'ils ne soient point volontaires.

Dem. Les Docteurs Catholiques n'employent-ils point d'autres raisonnemens, tirez de la Theologie, & de la Morale, pour combattre cette opinion de Caluin touchant le Libre Arbitre ?

Resp. Ils en ont d'excellens & d'inuincibles, qui sont tous renfermez dans cét admirable passage de sainct Thomas, que la plusspart citent à ce suiet : *Quelques-vns ont dit que la volonté de l'homme est poussée necessairement à ce qu'elle choisit : ils ne disoient pas pourtant qu'elle est contrainte ; car tout ce qui est necessaire, n'est pas violent & forcé, mais seulement ce qui part d'vn principe estranger.* On ne sçauroit mieux exprimer l'opinion de Caluin, & des Iansenistes. Voyons donc ce que sainct Thomas en dit : *Cette opinion est Heretique, car elle oste tout le merite, & le démerite des actions humaines ; ne pouuant y auoir de merite, ny de démerite en ce qui se fait necessairement, & qu'on ne peut éuiter. Il faut aussi la mettre au nombre des opinions contraires à toute la Philosophie : Car elle ne choque pas seulement les principes de la Foy, mais elle renuerse encore tous ceux de la Philosophie Morale :*

S. Thomas dans ses quest. disp. q. 6. du mal.

parce que si nostre volonté agit necessairement, il ne doit plus y auoir de deliberations, d'exhortations, de preceptes, de chastimens, de loüanges, ny de blasmes. Il n'y a pas vn mot dans cét excellent passage, qui ne donne vn coup mortel à l'opinion de Caluin, & des Iansenistes.

Ceux qui ont combattu les dernieres Heresies auec plus de gloire, estendent bien au long ces belles raisons, que S. Thomas ne fait qu'effleurer; & les defendent contre tous les artifices, & les déguisemens de Caluin, qui ne different en rien de ceux des Iansenistes. Si vous prenez la peine de consulter ce qu'ils en ont écrit, vous auouërez, qu'ils ont triomphé du Iansenisme, auant qu'il parust sous ce nom, & qu'ils en ont abbatu le chef, en terrassant Caluin. Ie toucheray quelques-vnes de leurs pensées, quand nous traitterons de la necessité de bien faire, & de pecher. Mais ie ne puis passer sous silence à ce propos, l'excellente remarque, qu'ils font pour monstrer, que cette doctrine du Libre Arbitre ruine l'essence & la nature de l'élection : *Car l'élection*, dit le Cardinal Bellarmin, *regarde plusieurs choses, qui peuuent estre choisies, & la consultation la deuance tousiours : or comment se peut-il faire qu'il y ait de la consultation & de l'élection, lors qu'vn homme est emporté par vne souueraine necessité à faire, ou à vouloir quelque chose.* Il ne faut point estre Philosophe, pour penetrer la force de ce raisonnement : le sens commun, & la lumiere naturelle nous l'apprennent. Comment est-ce que les Iansenistes peuuent

Bellarmin l. 3. de la Grace, & du Libre Arbitre c. 5.

Iansenius Tome 3 l. 6. chap. 38.

ſouſtenir, que la ſeule contrainte empeſche la liberté de l'élection, *& que toute ſorte de volonté raiſonnable, c'eſt à dire tout mouuement de la volonté, eſt vne libre élection* : d'où il s'enſuit que les Bien-heureux aiment Dieu, que Dieu s'aime ſoy-meſme, & que le Pere & le Fils produiſent le ſainct Eſprit par vne libre élection ? Peut-on rien auancer de plus déraiſonnable, & de plus contraire au ſens commun ?

ARTICLE V.

Les Docteurs Catholiques combattant l'Hereſie de Caluin, ont fait voir clairement que cette opinion du Libre Arbitre n'eſt point de ſainct Auguſtin, & ont ruiné tous les fondemens, ſur leſquels les Ianſeniſtes la veulent eſtablir.

Demande. MAIS quoy ? diront les Ianſeniſtes, ces derniers Docteurs condamnent donc d'Hereſie l'opinion du grand oracle de l'Egliſe, & du plus admirable de tous les Peres : Car il eſt plus clair que le iour, que ſainct Auguſtin enſeigne dans tous ſes Ouurages, que la ſeule contrainte eſtouffe le Libre Arbitre ? Que répondez-vous à vne plainte ſi iuſte & ſi raiſonnable ?

Reſponſe. Les Docteurs Catholiques, qui ont triomphé des dernieres Hereſies, monſtrent euidemment que c'eſt vne haute impoſture des Caluiniſtes, & que cét incomparable Sainct eſt bien éloigné d'vne ſi dangereuſe doctrine. Le Do-

Estius sur le 2. dist. 7. §. 7. & dist. 24. § 1. 2.

ctcur Estius aprés auoir opposé l'opinion de Caluin à celle des Catholiques, en ces termes: *La liberté que l'Eglise a tousiours deffenduë contre les anciens & les nouueaux Heretiques n'exclut pas seulement la contrainte, mais aussi la necessité*: fait voir ensuite, *que c'est l'opinion constante & indubitable de tous les saincts Peres, & principalement de sainct Augustin.*

Le sçauant Horantius prouue le mesme dans cét excellent Ouurage, qu'il composa contre les Heresies de Caluin, lors qu'il estoit à Trente, pour assister au Concile. Le chapitre 49. de son premier liure a pour titre: *Que sainct Augustin asseure que nous n'auons pas seulement cette liberté, qui exclut la contrainte, mais aussi celle qui exclut la necessité*: Et il dit d'abord, *Caluin auouë que nostre volonté n'est point contrainte, & proteste que sainct Augustin ne pretend autre chose, quand il dit si souuent, que nous agissons volontairement. Voila la premiere maxime de Caluin*, (c'est aussi celle des Iansenistes) *dont il veut que sainct Augustin soit Autheur, & il le soustient auec vne incroyable effronterie.* Puis pour conuaincre cét Heretique, il poursuit: *Sainct Augustin dit au l. 1. du Libre Arbitre chap. 12. que Dieu ne puniroit pas iustement nos crimes, si nous ne les faisions auec vne libre volonté. Et afin que Caluin ne die point, que cela ne s'entend que de la volonté du premier homme; ou que ces paroles n'excluënt que la contrainte; qui sont les deux défaites ordinaires de Caluin*, (ce sont aussi celles des Iansenistes) *qu'il écoute ce que sainct Augustin conclut de là. Vous voyez*, dit il, *comme ie croy, qu'il est en nostre volonté de iouyr de ce grand*

grand bien, ou d'en estre priué. Aprés que ce braue defenseur de la Foy a rapporté beaucoup d'autres passages de sainct Augustin, qui decident nettement cette question, il conclud: *He bien Caluin ? quand les Catholiques lisent sainct Augustin, confondent-ils mal à propos la necessité auec la contrainte ? Mais plûtost ce grand Docteur, & Pere de l'Eglise ne leur accorde-t'il pas l'vn & l'autre: c'est à dire que nous agissons sans contrainte & sans necessité?*

Les autres Docteurs de l'Eglise, qui se sont signalez dans cette guerre contre Caluin, prouuent euidemment la mesme verité. Le Cardinal Bellarmin, & ces illustres ennemis des derniers Heretiques, Ruardus, Tapper, & Gabriel Pennottus ne produisent pas seulement des témoignages tres-exprés & tres-formels, mais encore de puissantes raisons, qui font voir que cette opinion des Caluinistes renuerse les maximes fondamentales de la Doctrine de sainct Augustin. Et M. Ysambert aprés auoir auancé cette proposition, comme vne verité de la Foy, & qui ne peut estre contestée que par des Heretiques: *Il est necessaire pour establir le Libre Arbitre, que la liberté qui est opposée a la necessité s'y rencontre: & cette autre liberté, qui n'exclut que la contrainte ne suffit pas:* prouue en peu de paroles, mais auec beaucoup de force & de solidité, que c'est l'opinion de sainct Augustin. Puis il reproche à Caluin l'insolence & la vanité, qui luy a fait soustenir le contraire, auec tant de hardiesse.

Bellarmin liure 3. de la Grace, & du Libre Arbitre, chap. 4. Tapper a. 2. Pennottus l. 1 c. 16.

M. Ysambert disp. 1. du Lib Arb. art. 2.

Dem. Les Iansenistes disét neãtmoins qu'ils prou-

Iansenius Tom. 3. l. 6. chap. 7.

uent leur doctrine par des raisons conuainquantes, & qui sont fondées sur des principes inébranlables. Voicy l'vne des principales: *Dieu a vn Libre Arbitre au regard des choses, qu'il aime necessairement; La necessité n'est donc pas contraire au Libre Arbitre:* Ce raisonnement est-il bon?

Caluin l. 2. Inst. c. 3. & l. 3. du Libre Arbitre Du Moulin Bouclier de la Foy, a. 9. Chamier Tom. 3. l. 2. chap. 4.

Resp. Caluin le vante comme inuincible, & tous ses disciples n'en ont point de plus fort pour attaquer la Doctrine de l'Eglise. Dans tous leurs Ouurages, ils rebattent ces paroles de leur Maistre: *Dieu n'aime-t'il pas le bien librement, quoy qu'il l'aime necessairement?* Et pour leur donner plus de force, ils les appuyent de ce fameux passage de sainct Augustin, dont les Iansenistes font tant d'estat: *Nous n'osons pas dire que Dieu n'a point vne volonté, mais vne necessité de la iustice, à cause qu'il ne peut vouloir pecher.*

S. Augustin liure de la Nature, & de la Grace, c. 46.

Bell. l. 3. de la Grace, & du Lib. c. 5. Ysambert disp. du Libre Arb. c. 3. Estius sur le 2. des Sent. disp 24. § 2 Scrib. liu. 1. d. 19. 9. 2. Puteanus 1 2. q. 10. d. 2.

Les Catholiques, & entre autres le Cardinal Bellarmin, Mr Ysambert, Horantius, Scribonius, Puteanus, renuersent ce raisonnement des Caluinistes, & monstrent auec vne clarté & vne force admirable, qu'ils ne peuuent tirer aucun auantage de ces paroles de sainct Augustin. L'abregé de leur réponse se trouue dans S. Thomas, 1. *p. q.* 19. *a.* 10. *Dieu n'a point de liberté qu'au regard des choses, qu'il aime sans necessité.*

Iansenius Tome 3. l. 6. chap. 8.

Dem. L'autre argument que les Iansenistes tirent de la liberté des Bien-heureux, & qu'ils establissent sur ce que sainct Augustin dit dans l'Enchiridion, chap. 105. & dans le 22. de la Cité de Dieu, chapitre dernier, est-il plus conuainquant?

Response. Ils le vantent comme *plus inuincible que le premier* ; & suiuent en cela les sentimens d'vn des plus fameux Heretiques de ce siecle, c'est de l'infame du Moulin, qui fait tant d'estat de cette preuue, qu'il la met en teste, comme la plus forte: Escoutez-le parler; *La liberté n'est point opposée à la necessité, mais à la contrainte. C'est pourquoy sainct Augustin dans son Enchiridion chap. 105. & au 22. de la Cité, chapitre dernier, enseigne, que la necessité qu'auront les Saincts de ne pouuoir pecher, augmentera plûtost leur liberté, que de leur oster.* Voilà d'où les Iansenistes ont pris cette preuue de leur opinion.

Du Moul. éclaircissement des controuerses, p. 155.

Qu'ils apprennent des Docteurs Catholiques, qu'elle n'est point inuincible. Tous ceux qui ont triomphé des derniers Heretiques l'ont renuersée, & en ont ruiné les fondemens auec tant de gloire, que les Caluinistes n'ont pû les restablir. Si vous lisez seulement ce qu'en écriuent Mr Ysambert, le Cardinal Bellarmin, & les Docteurs Estius, & Puteanus, vous vous estonnerez comment les Iansenistes osent se seruir de ces vieilles armes de Caluin, aprés que tant d'illustres defenseurs de la Foy les ont brisées, & ont fait voir tres-clairement, & tres-solidement, *que sainct Augustin* (ce sont les paroles du Docteur Estius) *ne veut pas dire que les Bienheureux auront vn Libre Arbitre pour ne plus pecher, mais seulement, que ne pouuant pecher, leur volonté sera plus libre, pour choisir des certains biens, qu'ils pourront aimer ou ne pas aimer.*

M. Ysamb. Bellarmin. Estius. Puteanus.

Dem. Ceux de la nouuelle opinion la prouuent

encore par l'exemple de IESVS-CHRIST, & pretendent que la liberté, qui est le principe de son merite, n'est point opposée à la necessité, mais seulement à la contrainte. Cette raison, qui paroist auec tant d'éclat dans les liures des Iansenistes, est-elle plus forte que les autres?

Resp. Elle est puisée de la mesme source, & a les mesmes protecteurs, & les mesmes ennemis. Les Heretiques la soustiennent comme vne verité orthodoxe : & les Catholiques la combattent comme vne Heresie. M. Ysambert traittant cette question : *La liberté*, dit-il, *de la volonté humaine de* IESVS-CHRIST, *n'exclut pas seulement la contrainte, mais aussi la necessité.* Puis il prouue par des raisons tres-solides, *que l'opinion contraire est Heretique.* Et l'vn des plus signalez defenseurs de la predetermination physique : *Il y a*, dit-il, *vne liberté qui n'est opposée qu'à la violence, & vne autre qui est contraire à la necessité : c'est de cette seconde sorte de liberté qu'il faut entendre ce que dit sainct Thomas : que la volonté humaine de* IESVS-CHRIST *estoit parfaitement libre, dans ses actions. Et cette conclusion est si asseurée, qu'on ne la peut nier, sans vne erreur manifeste dans la Foy. Ie le prouue premierement, parce que les Conciles & les Peres enseignent souuent, que la liberté de la volonté qui est capable de merite & de demerite, n'est pas seulement opposée à la contrainte, mais aussi à la necessité, &c. Secondement, parce que les Heretiques qui ont declaré la guerre au Libre Arbitre, sont condamnez, pour auoir soustenu que la volonté agit auec necessité, quoy qu'ils voulussent qu'elle*

M. Ysambert traitté de l'Incar. d. 1. de la liberté de Iesus-Christ, art. 2.

Cabrera, q. 18. sur la 3. p. ar. 3.

le fiſt ſans contrainte, & volontairement. Tous les autres Catholiques, qui ont combattu les dernieres Hereſies, conſpirent auec ceux-cy pour eſtouffer vne erreur ſi pernicieuſe, & qui rauit à IESVS-CHRIST le merite de ſes actions.

Dem. Vous n'auez pas encore ruiné tous les fondemens de cette maxime capitale des Ianſeniſtes. Que répondez-vous à ce qu'ils diſent, que ſainct Proſper, ſainct Bernard, le Maiſtre des Sentences, ſainct Thomas, ſainct Bonauenture, le Docteur ſubtil, Gabriel, & beaucoup d'autres grands Theologiens ſouſtiennent comme vne verité indubitable, que la ſeule contrainte bleſſe le Libre Arbitre?

Reſp. Ce ſont autant d'impoſtures que les Caluiniſtes ont inuentées, pour donner quelque couleur à leur doctrine, & que les Theologiens de l'Egliſe Romaine ont combattuës. Les Ianſeniſtes pretendent que ſainct Proſper leur eſt fauorable, parce qu'il definit le Libre Arbitre: *Vn amour volontaire d'vne choſe qui plaiſt.* Il y a long temps que les Caluiniſtes ſe ſont ſeruis de l'authorité, & des meſmes paroles de ce grand Sainct, pour attaquer la doctrine de l'Egliſe; Mais les Catholiques ont fait voir clairement, & par vne preuue inuincible, que ce fidele diſciple de ſainct Auguſtin, exprime par ce mot de *volontaire* vn mouuement de l'ame, qui n'eſt pas ſeulement dégagé de la contrainte, mais auſſi de la neceſſité. Les Ianſeniſtes triomphent, quand ils parlent de ſainct Bernard: Ils diſent hautement,

M. Yſambert diſp. 1. du Libre Arbitre a. 2. Eſtius ſur le 2 des Sent. diſt. 24. §. 2.

Ianſenius Tom. 3 l. 6. chap. 7.

que dans le Sermon 81. ſur les Cantiques, & dans ſon liure du Libre Arbitre & de la Grace, il maintient que la neceſſité ſimple ne deſtruit pas la liberté. C'eſt Caluin, qui eſt l'Autheur d'vne calomnie, ſi outrageuſe à ſainct Bernard : il l'auance dans tous les liures où il diſpute du libre Arbitre, & proteſte touſiours que cét excellent Pere eſt aprés ſainct Auguſtin, le plus puiſſant protecteur de ſa doctrine : Mais les Theologiens de l'Egliſe Romaine pour confondre l'impudence de cét Heretique, ont fait voir plus clair que le iour, que ſainct Bernard enſeigne que la ſimple neceſſité ruine le Libre Arbitre.

M. Yſamb. Bellarmin. Eſtius.

Les Ianſeniſtes pour appuyer leur opinion de l'authorité du Maiſtre des Sentences aſſeurent qu'il dit, que la ſeule contrainte interieure eſtouffe le Libre Arbitre : Caluin ne l'a-t'il pas ſouſtenu le premier ? Et les Docteurs Catholiques irritez de ſon inſolence, n'ont-ils pas dit ouuertement : *Qu'il mentoit à ſon ordinaire ?* N'ont-ils pas auſſi prouué par des témoignages formels de ce Prince des Scholaſtiques, que la neceſſité ſimple eſteint le Libre Arbitre ? Les Ianſeniſtes nomment encore ſainct Thomas parmy les principaux Autheurs de leur Doctrine, & en alleguent des paſſages, qui en apparence les fauoriſent : Comme ſont ceux de la q. 10. de la puiſſance, art. 2. de la 1. p. q. 83. art. 2. & d'autres ſemblables. Mais ils les ont empruntez des Caluiniſtes, qui s'en ſeruent pour combattre les Catholiques. & les plus celebres defenſeurs de

Ianſenius Tom 3 l. 6. chap. 20.

Scribonius du Libre Arb. q. 2. Bellarmin. Eſtius. M. Yſamb. Puteanus.

M. de Gamaches ſur la 1. 2. q. 15. chap. 5.

la Foy, aprés auoir monſtré que ſainct Thomas M. Yſamb.
condamne d'Hereſie cette doctrine de Caluin, ont Eſtius. Pennottus.
expliqué ſi nettement les paſſages qui ſemblent Bellarmin.
l'appuyer, qu'on ne peut lire ce qu'ils en ont écrit, ſans ſe faſcher contre les Caluiniſtes, qui abuſent auec tant d'inſolence de l'authorité de ce Docteur Angelique, pour donner cours à vne opinion qu'il a ſi ſolennellement condamnée?

Enfin les Ianſeniſtes ſe vantent que ſainct Bonauenture, le Docteur ſubtil, & quelques autres ſça- M. Yſamb. Eſtius.
uans Theologiens, ſont de leur parti: Mais c'eſt a- Puteanus.
prés les Caluiniſtes, qui leur ont encore fourny ces preuues, qui ont eſté ſi clairement, & ſi fortement refutées par les Catholiques, qu'il faut eſtre ignorant, ou malicieuſement opiniaſtre, pour ne conclure pas des paroles de S. Bonauenture, qu'il ne parle pas de la liberté, qui eſt le principe du merite, quand il dit qu'elle peut ſubſiſter auec la neceſſité: Ils ont garenti de leur calomnie le Docteur Subtil, & ſes diſciples. Et pour éclaircir en peu de mots la penſée de quelques autres Theologiens, que les Caluiniſtes pretendent eſtre de leur opinion, parce qu'ils ont oppoſé la *contrainte* au Libre Arbitre, ils font cette remarque generale: *Auant la naiſſance des dernieres Hereſies* (ce ſont les paroles du ſçauant Pennottus) *on ſe ſeruoit ſouuent du mot de contrainte, pour exprimer la neceſſité: Mais depuis qu'on a veu paroiſtre ces nouueaux ennemis de la liberté, qui ſouſtiennent que ce n'eſt point la neceſſité, mais la ſeule contrainte, qui nous oſte le Libre Arbitre, on a diſtingué*

plus exactement ces deux termes , & depuis ce temps-là il ne s'est trouué personne parmy les Docteurs Catholiques , qui ait dit que c'est la contrainte , qui est opposée au Libre Arbitre.

Vous voyez que ce n'est pas d'auiourd'huy qu'on fait la guerre à cette doctrine des Iansenistes : qu'elle a esté terrassée par les armes victorieuses des plus illustres defenseurs de la Foy, & que tous ses principes, qu'on veut faire passer pour inuincibles, & ses fondemens, qu'on appelle inébranlables, ont esté abbatus & renuersez par les Catholiques, qui ont triomphé de Caluin. Qui iustifiera, ou excusera Iansenius d'auoir embrassé auec tant d'ardeur cette opinion des Caluinistes, que tous les Docteurs de l'Eglise Romaine ont refutée comme la plus dangereuse de leurs Heresies : & d'auoir ramassé pour la restablir, de vieilles obiections de ces Heretiques, ausquelles les plus celebres defenseurs de nostre Religion, ont satisfait tant de fois, auec l'applaudissement de tous ceux , qui n'ont point esté couuerts, ou declarez partisans de cét infame Heresiarque?

Puis que cét Autheur a si mal reüssi dans cette maxime capitale de sa doctrine, il n'est pas croyable qu'il soit plus heureux dans les autres, qui n'en sont que les suittes & les dépendances.

CHAPITRE III.

De la Grace de IESVS-CHRIST.

ARTICLE I.

La Doctrine des Iansenistes touchant la Grace de IESVS-CHRIST, *& la maniere de l'accorder auec le Libre Arbitre, est prise de Caluin.*

Demande. QVE veulent dire les Iansenistes qui ne nous entretiennent d'autre chose que de la difference qu'ils mettent entre la Grace de la nature innocente, & la Grace de la nature corrompuë?

Resp. C'est le grand secret de leur doctrine: C'est ce qu'ils appellent *la clef & le nœud* qui lie toutes leurs opinions, c'est ce que leur Maistre se vante d'auoir descouuert, c'est ce qu'il dit *estre inconnu aux Theologiens de ce siecle*, c'est ce qu'il rebat continuellement, & qu'il repete dans toutes les parties de son Ouurage. Voicy l'abbregé de cette doctrine si mysterieuse: Ils aduoüent que *la Grace de santé*, c'est à dire celle, qui a esté donnée aux Anges, & à nostre premier pere, auant sa reuolte, laissoit à la volonté le pouuoir d'agir ou de ne pas agir, si elle vouloit: Mais ils maintiennent que la *Grace de Medecine*, c'est à dire, celle qui nous est donnée dans cét estat de la nature malade & languissante, ne nous laisse pas le mesme pouuoir d'agir ou de ne pas agir, si nous voulons,

Annot. sur le Liu. de la Correct. & de la Grace. Examen des propositions, &c. page 99. Iansenius Tom. 3. lib. 2. c. 3.

mais qu'elle nous engage dans vne necessité de la suiure. Le principal fondement de cette doctrine est le fameux passage de Sainct Augustin, tiré du liure de la Correction & de la Grace ch. 11. & 12. qu'ils expliquent à leur mode, & qu'ils repetent si souuent, que leur Maistre l'a cité plus de cent septante fois dans son Ouurage.

Dem. Cette doctrine estoit elle inconnuë aux Theologiens des derniers siecles, comme les Iansenistes se vantent & nous le veulent faire croire?

Pierre Martyr titre du Libre Arbitre. Beze contre Castil. p. 456. 457. Du Moulin Esclaircissement des controuerses de la predest. &c. part. 2. p. 38.

Resp. Il n'y a rien de si commun parmy les les Heretiques. Caluin, Pierre Martyr, Beze, du Moulin, & les autres en parlent continuellement, l'expliquant de la mesme maniere, & l'appuyent du mesme passage de S. Augustin, auquel ils donnent les mesmes interpretations, & qu'ils repetent si souuent, que le seul Caluin en trois de ses Traitez l'a cité plus de vingt fois. C'est le plus fort argument dont il se sert, pour combatre la doctrine Catholique & les Decrets du Concile de Trente. Voicy comme il parle dans son Institution: *Dieu ne pousse pas nos volontez, comme on a creu depuis plusieurs siecles, par vne Grace que nostre liberté puisse suiure ou refuser: i'aduoüe bien que dans l'estat d'innocence l'homme en auoit vne semblable,* &c. & pour le prouuer: *Escoutez*, dit-il, *Sainct Augustin parler, de peur que les Pelagiens de nostre temps, c'est à dire les Sophistes de la Sorbonne, ne nous reprochent comme ils ont de coustume, que tous les Docteurs anciens nous sont contraires. Il dit au liure de la Correction &*

Calu. Inst. l. 2. c. 3. n. 10. 11. 12. 13.

de la Grace, que Dieu auoit donné à Adam la Grace de perseuerer dans le bien s'il le vouloit, &c. Et dans le liure 5. du Libre Arbitre, aprés auoir expliqué cette difference, qu'il met entre la Grace du premier homme, & celle de la nature foible & languissante, il adiouste : *Sainct Augustin au mesme endroit nous fournit vne autre distinction, qui explique nettement cette difficulté. Il y a, dit-il, vn secours sans lequel vne chose ne se fait point, & vn autre par lequel elle se fait. Dieu donc a donné au premier homme vn secours de perseuerance, non par lequel il perseuerast, mais sans lequel il ne pouuoit perseuerer par son Libre Arbitre : Mais maintenant Dieu ne donne pas seulement ce premier secours de perseuerance aux Saints, qui sont predestinez par la Grace de Dieu, pour le Royaume du Ciel; le secours que Dieu leur donne est tel, qu'il leur donne la perseuerance mesme*, &c. D'où cét Heretique conclut *que dans cét estat nostre volonté suit necessairement le mouuement du S. Esprit.*

Caluin l. 5. du Libre Arbitre, page 204.

Calu. Inst. l. 2. c. 3. n. 11.

Il se sert encor de cette difference des deux Graces, pour descrier les Decisions du Concile de Trente, & les faire passer pour Pelagienes. Le Concile auoit definy : *que l'homme peut reietter l'inspiration du S. Esprit, & n'y pas consentir, s'il le veut.* Caluin se met en cholere contre les Peres, qui ont fait ce Decret. *Ils se trompent*, dit-il, *en ce qu'ils ne remarquent point la difference qu'il y a entre la Grace de regeneration, qui fortifie nostre foiblesse, & celle qui fut donnée à Adam. Ce que Saint Augustin explique exactement. Le premier homme, dit-il, auoit vne Gra-*

Concile de Trente Sess. 6. chap. 5. & canon 4.

Calu. sur le Concile de Trente Session 6.

ce qu'il pouuoit quitter, quand il vouloit, & dans laquelle il pouuoit demeurer, s'il vouloit. Cét Heretique triomphe en ſuitte, comme s'il auoit monſtré par vne authorité inuiolable, que les Peres du Concile de Trente confondent la Grace de la nature corrompuë, auec celle de la nature innocente, & que ces termes dont ils ſe ſeruent : *L'homme peut, ne peut pas conſentir à l'inſpiration, s'il le veut,* ſont comme la marque, & le charactere de la Grace de ſanté.

Dem. Puis que cette difference des deux Graces expliquée de la ſorte eſt ſi celebre parmy les Caluiniſtes, pourquoy ceux de la nouuelle opinion ſe vantent-ils de l'auoir deſcouuerte les premiers? pourquoy la publient-ils comme vne doctrine inconnuë dans ces derniers ſiecles?

Reſp. C'eſt ce que ie ne puis comprendre, ſi le Caluiniſme eſtoit dans vn autre monde, que le noſtre, ie dirois qu'ils ont voulu faire comme ceux, qui ayant apporté de la Chine l'Art de l'Imprimerie, l'ont publiée en Europe, comme vne nouuelle inuention. Mais les Caluiniſtes eſtans nez & meſlez parmy nous, comment entreprend-t'on de nous perſuader qu'vne doctrine qui ſe trouue dans tous leurs ouurages, eſt inconnuë à ces derniers ſiecles? Ce qui augmente encor mon eſtonnement, eſt que cette opinion des Caluiniſtes ne ſe voit pas ſeulement dans tous leurs Liures, mais encor dans ceux des Catholiques, qui les ont combatus. Prenez la peine de lire ce qu'en dit

Mr Malderus Euesque d'Anuers, Horantius qui estoit vn des Theologiens du Concile de Trente, Albert Pighius, Pennotus, Stapleton, & le Cardinal Bellarmin, & vous admirerez la hardiesse de ceux qui ont voulu faire passer cette doctrine, pour inconnuë aux Theologiens de ce siecle.

Mald. sur la 1. 2. de la diuision de Grace d. 13. Horant. l. 1. c. 55. 56. Pigh. l. 4. Penn. l. 9. c. 13. Stapler. sur la 6 Ferie de la 1. Sem. de Caresme. Bellarmin l. 6. de la Grace & du Libre Arb. c. 14.

Dem. Comment est-ce que les Iansenistes accordent la Grace de IESVS-CHRIST auec le Libre Arbitre, puis qu'ils soustiennent qu'elle le fait agir necessairement?

Resp. C'est vn autre secret de leur doctrine, dont ils font tant d'estat, que leur Maistre employe vn liure tout entier, pour l'expliquer. Il soustient que tous les saincts Peres, & principalement Sainct Augustin & ses Disciples, n'ont iamais autrement accordé la Grace auec le Libre Arbitre, qu'en disant, que la Grace ne nous contraint point, & que la volonté en estant preuenuë, n'est pas comme vne souche qui ne fait rien, mais qu'elle agit volontairement, & de son gré. D'où il tire cette conclusion : *Quelque necessité qu'on die que la Grace apporte à la volonté, pourueu que ce ne soit pas vne contrainte & violence interieure, il ne faut point craindre qu'elle offense le Libre Arbitre.*

Ianf. Tom. 3. l. 8.

chap. 19.

Voila l'abregé de leur opinion touchant l'alliance de la Grace & du libre Arbitre, qui est celle de tous les Heretiques du dernier siecle. Caluin dans ce liure abominable, qu'il a composé contre le Concile de Trente, l'exprime en ce peu de

Calu. sur la Sess. 6. du Concile de Trente.

de paroles: *Sainct Augustin dit seulement que la Grace ne contraint point nos volontez, & qu'elle nous fait agir volontairement.* Il l'explique plus au long dans le liure troisiesme du Libre Arbitre: Mais il n'est pas necessaire de rapporter ses paroles, puis que le Chef de la nouuelle opinion aduoüe luy-mesme que cette doctrine est de Caluin. Dans le dernier chapitre du liure 8. il se fait cette obiection: *On dira peut-estre que cette maniere d'accorder la Grace auec le Libre Arbitre, n'est point differente de l'opinion de Caluin.* Dans sa response il aduoüe: *qu'il est vray que Caluin concilie de la sorte la liberté auec la Grace, & que son opinion est qu'il n'y a que la contrainte, qui ruine le Libre Arbitre.*

ARTICLE II.

Les Caluinistes aduoüent que cette opinion de la Grace de IESVS-CHRIST *est contraire aux sentimens de l'Eglise Romaine.*

Demande. PVIS que nous sommes asseurez que les Caluinistes ont soustenu que la veritable difference & comme le charactere de la Grace de IESVS-CHRIST est, qu'elle emporte nos consentemens, auec vne necessité ineuitable, & que, nonobstant cela, est d'accord & d'intelligence auec le Libre Arbitre, parce qu'elle n'empesche pas que la volonté n'agisse sans contrainte, & de son gré: Il faut voir maintenant si cette opinion est particuliere à ces Heretiques, & si elle les ſepare de l'Egliſe Romaine. Qu'en iugez-vous?

Reſp. Les Caluiniſtes en parlent touſiours comme d'vne doctrine, qui renuerſe les Decrets du Concile de Trente, & qui choque les ſentimens de tous les Catholiques. Caluin aduoüe dans ſon Inſtitution, qu'elle eſt contraire *à ce qu'on a creu depuis pluſieurs ſiecles*, & dans ſon *Antidote* il fait voir qu'elle eſt directement oppoſée aux Deciſions du Concile de Trente. Et les plus opiniaſtres de ſes diſciples, aſſemblez dans le fameux Synode de Dordrecth: *Nous aſſeurons*, diſent-ils, *que Dieu meut nos volontez par la Grace, non point comme croyent les Papiſtes, de telle ſorte qu'il ſoit en noſtre liberté de la ſuiure ou de la reietter*, &c.

Inſtit. l. 1. c. 3. n. 10. ſur la Seſſ. 6. du Concile de Trente.

Actes du Synode de Dordr. page 735.

C'eſt pour cela que les plus habiles de ce Party pour traiter auec plus de clarté la controuerſe du Libre Arbitre, au regard des choſes ſpirituelles, la propoſent en ces termes, qui ſont tirez de l'abregé du Caluiniſme, compoſé par vn des plus ſçauans de leurs Miniſtres: *L'eſtat de la troiſieſme controuerſe entre nous & les Papiſtes eſt de ſçauoir, ſi l'homme dans cét eſtat de la nature corrompuë, quoy qu'il ne puiſſe rien faire ſans le ſecours de la Grace, neantmoins en eſtant aidé & preuenu peut tellement agir, qu'il puiſſe auſſi ne pas agir: Bellarmin tient l'affirmatiue, & le Concile de Trente Seſſ. 6.* &c. *Mais nous diſons au contraire, qu'aprés la cheute de noſtre premier pere*, &c. *Dieu meut la volonté de l'homme auec tant de puiſſance & d'efficace, qu'elle ſuit neceſſairement la Grace preuenante, quoy qu'elle le faſſe ſans violence & de ſon gré.*

Scharpius l. du Libre Arbitre c. 3.

Article III.

Les Docteurs de l'Eglise, qui ont fait la guerre à Caluin, disent aussi que cette opinion de la Grace luy est particuliere, & la reiettent comme heretique.

Demande. CE n'est pas assez que les Caluinistes asseurent que cette opinion est contraire aux Decisions du Concile de Trente, & aux sentimens de l'Eglise Romaine : Les Docteurs Catholiques qui ont escrit contre eux sur cette matiere, en demeurent-ils d'accord?

Resp. Il n'y en a pas vn seul, qui s'y oppose. Aussi le sçauant Pesantius, qui est vn des plus illustres Theologiens de l'Italie, aprés auoir monstré *que cette liberté, qui exclud la contrainte, ne suffit pas pour le merite*, adiouste : *que tous ceux qui ont escrit contre Caluin touchant le Libre Arbitre, refutent l'opinion contraire comme vne erreur.* Mr Duual, dont la memoire est si glorieuse dans la Sorbonne, ne prouue-t'il pas que cette maxime de Caluin : *La Grace emporte necessairement nos volontez, quoy qu'elle ne la fasse pas auec contrainte & violence*, est *heretique, & qu'elle destruit le Libre Arbitre?* Mr Ysambert, le Cardinal Bellarmin, les Docteurs Horantius, Tapperus, Wigers, Stapleton, Puteanus, Scribonius, Malderus, Cunerus, Pennotus, Estius, & tous les autres qui ont escrit contre les derniers ennemis du Libre Arbitre, condamnent cette doctrine d'vn consentement si vnanime, que ie deffie

Pesant. sur la 3. p. q. 18. a. 1. disp. 2.
Mr Duual Traité des act. hum. q. 3. a. 1.
Mr Ysambert disp. 1. de la lib. de Iesus C. a. 2.
Bell. l. 3. de la Grace, & c. 4.
Horant. l. 1. c. 49.
Tapp. art. 2.
Vvigers sur la 1. 2. q. 6. a. 2.
Stapl. To. 2. l. 4. c. 8.
Putea. sur la 1. 2. q. 10. d. 2.
Scrib. l. 2. d. 19. 9. 2.
Mald. sur la 1. p. disp. 56. & 59.
Cuner l. du Lib. Ar. c. 5.
Pen. l. 1. c. 16

deffie les Ianſeniſtes d'en trouuer vn ſeul, qui approuue cette importante maxime, que leur Maiſtre a priſe de Caluin, & qu'il voudroit faire paſſer pour vne verité orthodoxe. *Quelque neceſſité que la Grace apporte à la volonté, pourueu que ce ne ſoit point vne contrainte & vne violence interieure, il ne faut pas craindre qu'elle offenſe le Libre Arbitre.*

Dem. Que veulent donc dire les Ianſeniſtes, quand ils publient ſi hautement & auec tant de hardieſſe, que leur doctrine touchant l'efficace de la Grace eſt *entierement* la meſme, que celle des defenſeurs de la predetermination phyſique? Apolog. 1. Ianſen. l. 2. c. 20.

Reſp. C'eſt vn artifice, dont ils ſe ſeruent pour esbloüir les ignorans; mais il eſt aiſé de le conuaincre d'impoſture. Les Ianſeniſtes aduancent pour maxime capitale de leur doctrine, touchant l'efficace de la Grace, que la neceſſité ſimple n'oſte point la liberté, neceſſaire pour le merite, & pretendent que IESVS-CHRIST meſme a veritablement merité, en ce qu'il a fait auec cette ſorte de neceſſité. Les Auteurs de la predetermination phyſique diſent au contraire, & le diſent d'vn conſentement vnanime, que cette opinion eſt éuidemment heretique. Les Ianſeniſtes ſouſtiennent encor cõme vn article de foy, que la veritable raiſon pourquoy la Grace n'eſtouffe pas le Libre Arbitre, eſt qu'elle ne le contraint, & ne le force point. Et les defenſeurs de la predetermination reiettent cette doctrine, comme vne des plus pernicieuſes hereſies de Caluin. Eſcoutez com-

Aluares l. 3 disp. 22. n. 31.

me en parlent les plus signalez de ce party : *L'erreur de Caluin*, dit le Docteur Aluares, *consiste en ce qu'il a creu, que Dieu par sa Grace efficace agit tellement, que nostre volonté n'y coopere que par vn mouuement volontaire, & qui n'est point forcé.* & en autre lieu : *La septiesme heresie des Lutheriens est qu'ils asseurent, que la Grace de Dieu est tellement efficace d'elle-mesme que nostre volonté y consent seulement par vn mouuement volontaire & de son gré.* Le Docteur Cabrera, qui est vn des fameux protecteurs de la predetermination physique, dit aussi que cette opinion des Caluinistes est heretique, & le prouue : *Parce que les saincts Peres disent souuent que la liberté, qui est capable de merite & de recompense, n'est pas seulement opposée à la contrainte, mais aussi à la necessité.*

l. 1. disp. 3. n. 17.

Cabrera sur la 3. p. q. 18. a. 3.

Les autres qui defendent la predetermination auec plus d'ardeur, comme Ledesma, Estius, Cumel traitent cette opinion auec autant de seuerité, & la condamnent tousiours d'heresie.

Apologie 2. de Iansen. l. 2. c. 18.

Dem. Les Iansenistes triomphent de ce que leur Maistre a fait vn chapitre exprés, pour monstrer qu'il peut accorder l'efficace de la Grace auec l'indifference d'agir & de ne pas agir, comme font les Auteurs de la predetermination, se seruant auec eux de cette celebre distinction *du sens composé & du sens diuisé* : Cela est-il veritable ?

Iansenius Tom. 3. l. 8. c. 4.

Resp. Tout ce qu'il en a escrit n'est que desguisement & dissimulation. Car aprés auoir dit en peu de mots, qu'il pourroit prendre cette maniere de ioindre l'efficace de la Grace auec le Libre

Arbitre, il la reiette aussi-tost *comme vne pure inuention de la Philosophie prophane, & qui est entierement inconnuë aux veritables defenseurs de la Grace de* IESVS-CHRIST, *c'est à dire, à Sainct Augustin, S. Fulgence, Sainct Prosper*, &c. Puis il employe dix-huict chapitres à establir celle qu'il a empruntée de Caluin, & que tous les Catholiques condamnent d'heresie. Pourquoy donc ses disciples font-ils tant de bruit de ce qu'il dit en ce chapitre, puisque la plus fauorable conclusion, qu'ils en puissent tirer, est qu'il a touché en passant vne opinion defenduë par des Catholiques, mais qu'il l'a aussi-tost reiettée, pour en embrasser vne autre, qui est heretique? Ce n'est pas tout: C. 5. 9. &c.

Ie nie mesme que Iansenius se puisse seruir de cette distinction *du sens composé & du sens diuisé*, comme font ces Docteurs, de l'authorité desquels il pretend se couurir. Car toute sa doctrine de la Grace de IESVS-CHRIST est appuyée sur cette maxime fondamentale: *Quelque efficace que soit la Grace, quand mesme elle seroit semblable à cette souueraine delectation, que nous aurons dans le Ciel, elle n'oste pas la liberté.* C'est ce qu'il s'efforce de prouuer par le consentement de tous les saincts Peres, & des anciens Scholastiques; il tasche mesme de le monstrer par cette heureuse necessité d'aimer Dieu & de ne pas pecher, qu'auoit IESVS CHRIST en suite de son vnion hypostatique, & de la claire veuë de Dieu, car il pretend qu'elle ne l'empeschoit pas de faire l'vn & l'autre, auec

Iansenius Tome 3. l. 8. c. 15.

Dans tout le liu. 8. du Tome 3.

cette liberté, qui eſt neceſſaire pour le merite.

Il faudroit donc que cét Auteur, pour aiuſter à ſa doctrine la reſponſe des Sectateurs de la predetermination phyſique, & pour ſe ſeruir comme eux de la diſtinction *du ſens composé & du ſens diuiſé*, accordaſt auec l'indifference d'agir, & de ne pas agir, vne neceſſité ſemblable à celle qui naiſt de la claire veuë de Dieu, & de l'vnion hypoſtatique: Or il eſt éuident que cela ne ſe peut, & tous les defenſeurs de la predetermination l'aduoüent: *Nous reſpondons à la ſeconde preuue*, dit vn des plus habiles, *que cette propoſition : Vn Bien-heureux voyant Dieu clairement, peut ne le pas aimer : eſt fauſſe, ſoit qu'on la prenne dans le ſens composé, ou dans le ſens diuiſé ; parce que cette veuë engage la volonté dans vne heureuſe neceſſité, auec laquelle ne peut ſubſiſter vne veritable puiſſance, de ne pas aimer Dieu.* Puis il adiouſte : *Et pour ce qu'on obiecte de l'Humanité de* IESVS-CHRIST, *nous reſpondons, que ſuppoſé l'vnion hypoſtatique, il ne peut pecher, ny dans le ſens composé, ny dans le ſens diuiſé*, &c.

Aluares' Reſp. l. 2. c. 4.

Que les Ianſeniſtes ne ſe vantent donc plus que les Auteurs de la predetermination leur ſont fauorables dans cette diſpute, puis qu'il eſt éuident, que des deux façons que leur Maiſtre donne, pour accommoder le Libre Arbitre auec la Grace, *quelque efficace qu'elle ſoit, quand meſme elle ſeroit ſemblable à cette ſouueraine delectation, que nous aurons dans le Ciel.* Tous les defenſeurs de la predetermination condamnent d'hereſie, celle qu'il ſouſtient auec ardeur, & font voir clairement, qu'il ne peut se seruir de la seconde, qu'il auoit reiettée luy-mesme comme inconnuë à tous les saincts Peres, & aux anciens Scholastiques.

ARTICLE IV.

Les raisons qu'apportent les Docteurs Catholiques pour conuaincre d'heresie cette opinion de Caluin touchant la Grace de IESVS-CHRIST.

Demande. IL faut que cette Doctrine, que les Iansenistes ont prise de Caluin, soit bien perniceuse, puisque parmy tant de Docteurs Catholiques, qui en ont parlé depuis cent ans, il n'y en a pas vn seul qui ne la condamne d'heresie: Pourquoy la traitent-ils auec tant de rigueur?

Resp. Ils le prouuent par d'excellentes raisons, qui sont tirées de l'Escriture Saincte, des Conciles, & du consentement de tous les Peres. L'vne des plus conuainquantes, est celle qui regarde la nature du merite, & que Mr Duual disputant contre Caluin, exprime en ces termes. *Vne action pour auoir du merite, ne doit pas seulement estre libre de cette liberté, qui est exempte de contrainte : mais elle doit encore auoir cette autre liberté, qui est desgagée de la necessité.* Et il fait voir *qu'il n'y a rien de si souuent repeté dans l'Escriture Saincte, & dans les Peres.* Tous ceux qui ont trauaillé contre les Caluinistes sur cette matiere, & principalement le Cardinal Bellarmin & Mr Ysambert, font voir clairement &

Mr Duual Traité de la Grace, q. 10. a. 4.

Bellarmin liu. 5. de la Grace & du Lib. Arbitre c. 15. & l. 6. c. 12.

Mr Ysambert disp. 7. du Lib. Arbitre, art. 9.

solidement, que cette verité est tres-constante & indubitable : Et le Docteur Cabrera recueille en peu de mots toute la force de leurs raisons, quand il asseure, *que les Conciles & les saincts Peres disent souuent, que la liberté qui est capable de merite & de recompense, n'est pas seulement opposée à la contrainte, mais aussi à la necessité.*

Cabrera sur la 3. p. q. 18. a. 3.

Cette preuue, qui d'elle-mesme est inuincible, tire des nouuelles forces des plus secrets mysteres de la doctrine de Caluin, & des Iansenistes. Ils aduoüent que la liberté, qui n'exclut que la contrainte, ne suffit pas pour le demerite, dans vne creature innocente ; & que si Adam auoit peché auec la mesme necessité, que IESVS-CHRIST esclairé de la lumiere de gloire, aimoit Dieu, il ne seroit aucunement coupable : Ils doiuent donc soustenir, que la mesme liberté ne suffit pas pour le merite, dans vne creature innocente, & que IESVS-CHRIST n'a point merité par cét amour necessaire : Car c'est vne maxime de tous les Peres, & que l'Auteur mesme de ces nouueautez aduance comme tres-asseurée : que la mesme liberté est necessaire pour le merite, que pour le demerite. Dauantage, il est asseuré par le tesmoignage de tous les Peres, qui ont escrit contre les ennemis du Libre Arbitre, & les Iansenistes ne le peuuent nier, que si la prescience diuine, ou vne ame essentiellement bonne, nous portoit à faire le bien, auec la mesme necessité, que IESVS-CHRIST aimoit Dieu par l'amour bien-heureux, nous

Iansenius l. 4. de la nat. corr. c. 22. 24. Calu. l. 3. du Lib. Arbitr.

Ians. l. 4. de la nat. corr. c. 24.

n'aurions aucun merite : Il faut donc dire auſſi, que IESVS-CHRIST n'a point merité par cét amour neceſſaire.

Il eſt aiſé de faire voir par le meſme raiſonnement, que la Grace de IESVS-CHRIST eſtoufferoit tout le merite de nos bonnes actions, ſi elle emportoit nos conſentemens, auec vne neceſſité ſimple. Car ie demande aux Ianſeniſtes, pourquoy cette neceſſité, venant de la Grace de IESVS-CHRIST, ne ruinera pas auſſi bien toute ſorte de merite, que ſi elle venoit d'vne ame eſſentiellement bonne, ou de la preſcience de Dieu ? Quand on leur fait la meſme queſtion, touchant le demerite, ils reſpondent auec Caluin, que la neceſſité ſimple de pecher nous excuſeroit, ſi elle venoit de la preſcience diuine, ou d'vn principe naturel, parce qu'elle ne nous ſeroit point libre dans ſa ſource : Mais que venant de la concupiſcence, elle ne nous peut excuſer, parce qu'elle nous eſt libre dans ſa cauſe, c'eſt à dire dans le peché d'Adam, qui eſt veritablement noſtre peché, & qui a eſté commis, non ſeulement ſans contrainte, mais auſſi ſans neceſſité. Ils ne peuuent faire vne ſemblable reſponſe pour le merite. Diront-ils que la neceſſité ſimple, qui accompagneroit la Grace de IESVS-CHRIST, nous eſt libre dans ſa ſource ? Cela ne ſe peut ſupporter ; puis qu'ils pretendent que IESVS-CHRIST nous a racheté par des actions, qui ſont encore plus neceſſaires que les noſtres : & quand elles ſeroient deſgagées de

Ianſ. l. 4. de la nature corrompuë c. 25. Caluin l. 3. du Libre Arbitre.

toute ſorte de neceſſité, elles ne ſont pas nos actions, comme le peché d'Adam eſt noſtre peché.

Diront-ils que c'eſt le crime de noſtre premier Pere, qui communique ſa liberté aux bonnes œuures, que nous ferions neceſſairement, auſſi bien qu'aux mauuaiſes? Cela eſt encore plus extrauagant; car ce peché n'a point d'influence ſur le bien, que nous faiſons, comme il a ſur le mal: & il ſeroit ridicule de ſouſtenir, que de deux hommes, qui aimeroient Dieu auec la meſme neceſſité simple, l'vn meriteroit par cette action, par ce qu'il auroit contracté le peché d'origine, & l'autre ne meriteroit point du tout, parce qu'il n'auroit iamais eſté ſoüillé de ce crime.

Bellar. l. 5. de la Grace & du Libre Arbitre c. 13.

Caluin a bien preueu que ces difficultez eſtoient inſurmontables, & qu'il ne pouuoit ſe ſeruir dans cette queſtion, des meſmes artifices & deſguiſemens, dont il taſche d'embarraſſer celle du demerite. C'eſt ce qu'il l'a contraint d'aduoüer tout ce que les Docteurs Catholiques pretendoient prouuer par ce raiſonnement, & d'accorder qu'il s'enſuit de ſa Doctrine, que dans cét eſtat de la nature deſreglée, nous n'auons aucun merite. Ie ne croy pas que les Ianſeniſtes ozent dire le meſme ſi ouuertement, puis que c'eſt vne opinion foudroyée par les Anathemes du Concile de Trente, qui decide comme vn article de foy, dans le canon 32. de la ſixieſme Seſſion, *que nos bonnes actions ſont tellement les dons de Dieu, qu'elles ſont auſſi les merites de l'homme iuſtifié.*

Dem.

Dem. Les Docteurs de l'Eglise ont-ils quelque autre raison, qui prouue clairement que c'est vne heresie de soustenir auec Caluin, que la Grace de IESVS-CHRIST emporte nos consentemens auec necessité, quoy qu'elle le fasse sans contrainte?

Resp. Ils alleguent les Decrets du Concile de Trente, & font voir qu'il a decidé nettement cette question. Mr Ysambert apres auoir dit, *qu'il est de la foy, que ce n'est pas assez pour le Libre Arbitre, qu'il soit exempt de contrainte*, adiouste pour le prouuer: *Le Concile de Trente sess. 6. can. 4. dit que le Libre Arbitre estant meu de Dieu, peut consentir, ou ne pas consentir: & dans le Chapitre 5. il explique cette liberté, par vne puissance d'agir, ou de ne pas agir.* Les autres Theologiens de l'Eglise Romaine, & entr'autres le Cardinal Bellarmin, & les Docteurs Pennottus, Pesantius, Estius, maintiennent que ces decisions du Concile de Trente condamnent ceux qui pretendent, *que la Grace de* IESVS-CHRIST *nous fait agir sans contrainte, mais auec necessité?*

Mr Ysambert disp. 1. du lib. arb. a. 2.

Bell. liu. 3. de la Grace, & du libre arb. c. 5. Pennot. l. 1. cap. 16. Pesan. sur la 1. 2. q. 6. a. 3. d. 4. Estius sur le 2. des sent. dist. 24. § 1.

Dem. Les Iansenistes n'ont-ils pas quelque responce, pour se garantir des anathemes de ce Concile?

Resp. Leur Maistre en touche quelques vnes: mais qui sont toutes si foibles, qu'il ne faut que les expliquer pour les destruire. La premiere est, que le Concile definit seulement, que l'homme peut ne pas consentir à la Grace, s'il le veut: ce qui sera tousiours veritable, quelque necessité que la Grace nous apporte, pourueu que ce ne ſoit pas vne violence interieure, parce que les Bien-heureux meſmes, qui aiment Dieu neceſſairement, pourroient ne le pas aimer, s'ils le vouloient. Voicy ſes paroles: *Quand les Theologiens entendent cette deciſion du Concile de Trente, La volonté peut ne pas conſentir, ſi elle veut: ils croyent & ont raiſon de le croire, que le libre arbitre eſt exprimé par ces paroles,* &c. *Si cette maniere de parler marque le Libre Arbitre, la volonté eſt libre, quoy qu'elle veille immuablement, ou qu'immuablement elle ne veille pas; parce qu'elle fait l'vn & l'autre, de la meſme maniere qu'elle conſent, ſi elle veut.* D'où il conclud: *Que toute action de la volonté enferme eſſentiellement cette ſorte d'indifference de contradiction.* Ce qu'il taſche de faire voir dans l'amour neceſſaire, que Dieu a pour le bien, & dans celuy, que les Bien-heureux ont pour Dieu: *car ils pourroient,* dit-il, *changer cette volonté, s'ils le vouloient, mais ils ne le veulent iamais?*

Ianſ. Tom. 3. l. 6. c. 35.

Tout cela n'eſt qu'vne vaine ſubtilité, qu'il a empruntée de tous les Heretiques, qui ont declaré la guerre au Libre Arbitre, depuis trois cens ans. Wiclef l'auoit touſiours en bouche, comme le teſmoigne le docte Valdenſis, dans le l. 1. de ſon Doct. a. 1. c. 15. qui porte pour titre: *Contre cette deffaite de Wiclef: Dieu le peut, s'il le veut.* Cet Heretique ſouſtenoit, que Dieu agit au dehors par vne ſouueraine neceſſité: & quand on luy obiectoit les paſſages de l'Eſcriture ſaincte, qui diſent euidemment, que Dieu peut faire ce qu'il n'a pas fait : *Il se seruoit*, dit Valdensis, *de cette deffaite ordinaire, comme d'vne response generale à toutes ces obiections : Dieu, dit-il, peut toutes ces choses, s'il les veut.* Luther, & aprés luy les Caluinistes s'en seruent aussi, pour se demeller de beaucoup de tesmoignages de l'Escriture, qui ruinent leur heresie.

Luther de l'arbitre esclaue pag. 480.

Cette subtilité a paru si extrauagante aux Docteurs de l'Eglise, qu'ils n'ont pas creu la deuoir refuter autrement, qu'en faisant voir les ridicules conclusions, qu'on en peut tirer.

Vous lirez auec plaisir ce qu'en ont escrit les Docteurs Valdensis, & Wildefort, qui ont combatu des premiers l'heresie de Wiclef. Ie me seruiray de quelques vnes de leurs pensées, que i'appliqueray à nostre suiet. Les Iansenistes asseurent qu'vn Bien-heureux, qui aime Dieu necessairement, peut cesser de l'aimer, parce qu'il cesseroit s'il vouloit. Il faut donc qu'ils disent aussi que le Pere & le Fils peuuent ne pas produire le S. Esprit, parce que s'ils vouloient ne le pas produire, ils ne le produiroient pas : & que Dieu peut pecher, parce que s'il vouloit pecher, il pecheroit. Il est euident qu'ils doiuent aduoüer ces propositions; non seulement parce qu'elles sont semblables à celle, qu'ils font de l'amour des Bien-heureux; mais encore parce qu'ils soustiennent que cette sorte d'indifference de contradiction se rencontre dans tous les actes de la volonté, qui se font auec iugement. Or ie demande maintenant, si ce n'est pas se mocquer du Concile de Trente, que de soustenir qu'il a decidé, comme vn article de foy, *que l'homme peut ne pas consentir à la Grace, s'il le veut;* de la mesme maniere que le Pere & le Fils peuuent ne pas produire le Saint Esprit, s'ils le veulent.

La seconde response de cét Auteur est plus artificieuse, & on n'en void point d'abord toute la foiblesse. Il explique les paroles du Concile, d'vne veritable puissance d'agir, & de ne pas agir: & dit que l'homme peut resister à la Grace, & n'y point consentir *dans le sens diuisé*, quoy qu'il ne le puisse *dans le sens composé.* Cela est en apparence tres-conforme à l'opinion de ceux, qui tiennent la predetermination physique: & c'est pour cela que les Iansenistes publient si hautement, que les Anathemes du Concile de Trente ne peuuent tomber sur leur Maistre, qu'ils ne frappent en mesme temps tous les Peres de l'Ordre de saint Dominique. Mais cela se dit auec plus de pompe que de verité. Et pour le reconnoistre, il ne faut que penetrer le secret de sa response, qu'il descouure luy-mesme en ces termes: *Le Concile parle de cette puissance de ne pas consentir, non point pour marquer qu'elle est de l'essence de la liberté, (c'est vn paradoxe inouy aux veritables defenseurs de la Grace) mais pour prouuer par le contraire, que la volonté, sous l'influence de la Grace, n'est pas comme vne chose inanimée, & qui ne fait rien.*

Ianf. Tom. 3. l. 8. c. 20.

Apologie 2. de Ianf. l. 3. cap. 29.

Ianf. Tom. 3. l. 8. c. 17.

Les Auteurs & protecteurs de la predetermination physique sont bien éloignez de cette pensée. Voicy comme l'vn des plus habiles exprime leurs sentimens : *Il est necessaire pour le Libre Arbitre, que la volonté puisse agir & ne pas agir. Tous les Catholiques demeurent d'accord de cette assertion, parce qu'elle est definie dans le Concile de Trente sess. 6. ch. 5. & can. 4. contre Luther & Caluin, dont l'vn disoit, que le Libre Arbitre reçoit seulement l'action libre, que Dieu seul produit : & l'autre soustenoit que l'homme agit, & concourt auec Dieu, pour produire cette action libre, mais qu'il le fait seulement par vn mouuement volontaire, & sans contrainte.* D'où ie tire vne conclusion, qui renuerse la response des Iansenistes ; selon le sentiment des Arboutans de la predetermination physique, c'est vn article de foy, decidé par le Concile de Trente, que la puissance d'agir, & de ne pas agir, est necessaire, pour le Libre Arbitre : Il faut donc aduoüer, que selon le sentiment des defenseurs de la predetermination, les Iansenistes soustiennent vne doctrine contraire à vn article de foy, decidé dans le Concile de Trente, quand ils pretendent que la puissnce d'agir, & de ne pas agir n'est pas necessaire pour le libre Arbitre. Aluarez disp. 115.

Il y a encore vn autre secret dans cette response de leur Oracle, qui acheue de la ruiner. C'est qu'il maintient que ces termes du Concile : *L'homme peut ne pas consentir*, expriment seulement, *l'inconstance que le Libre Arbitre a en cette vie pour le bien*, & que le Concile ne s'en est seruy, *que pour prouuer, comme par vn contraire, que l'homme ſous l'influence de la Grace, n'eſt pas comme vne choſe inanimée.* Il pretend donc que les paroles du Concile marquent ſeulement, que la Grace n'emporte pas nos volontez, par vne neceſſité immuable; mais qu'elles demeurent dans l'inconſtance, & que ſouuent aprés auoir aimé Dieu, elles l'offencent volontairement, & de leur plein gré ; d'où on peut prouuer comme par le contraire, que nos volontez aimans Dieu agiſſent volontairement, & *ne ſont pas comme vne choſe inanimée.* Voila le fonds de ſa reſponſe. D'où il s'enſuit que, ſelon ſa penſée, tout ce que dit le Concile de Trente, ſeroit veritable, ſi lors que nous faiſons le bien, nous le faiſions auec vne neceſſité ſemblable à celle, qui naiſtroit d'vne veuë paſſagere de l'eſſence diuine, comme l'eut ſainct Paul : & quand nous faiſons le mal, que ce fuſt auſſi auec vne eſgale neceſſité. C'eſt pourtant ce que tous les Catholiques condamnent dans Caluin, comme vne doctrine foudroyée par ces paroles du Concile de Trente. C'eſt ce que les protecteurs de la predetermination diſent eſtre heretique. Ils declarent meſme, comme ie l'ay monſtré, que leur doctrine en eſt bien eſloignée ; & qu'on ne peut ſe ſeruir de leur diſtinction *du ſens composé*, & *du ſens diuiſé*, pour aiuſter cette ſorte de neceſſité auec vne veritable puiſſance d'agir, & de ne pas agir.

C'eſt donc vne impoſture trop viſible de publier ſi ſouuent, que les ſectateurs de la predetermination physique ont fait voir, que les foudres du Concile de Trente ne blessent point cette nouuelle doctrine. Mais c'est vne verité tres-asseurée, & que les Iansenistes ne sçauroient desguiser par leurs artifices, que les Anathemes de ce Concile ne peuuent tomber sur Caluin, qu'ils ne foudroyent en mesme temps la doctrine de leur bon Maistre.

ARTICLE V.

Les Catholiques refutant Caluin ont fait voir que cette opinion de la Grace de IESVS-CHRIST, *& cette maniere de l'accorder auec le Libre Arbitre, n'est point de Sainct Augustin : & ruiné en mesme temps les plus fortes preuues, dont les Iansenistes tachent de l'appuyer.*

Demande. IL ne reste plus, pour monstrer que les Docteurs de l'Eglise Romaine, escriuant contre Caluin, ont entierement terrassé cette nouuelle doctrine, touchant la Grace de IESVS-CHRIST, & son alliance auec le Libre Arbitre, que de faire voir qu'ils l'ont combatuë par l'authorité mesme de S. Augustin, & qu'ils ont prouué que cét excellent Pere est bien éloigné d'vne opinion si pernicieuse. Comment l'ont-ils monstré ?

Resp. Par des raisons tres-solides, & par des tesmoignages formels, extraits de tous les Ouurages de ce grand Sainct. La premiere preuue

Bellarmin. liu. 3. de la grace & du lib.arb. c. 5. Ruardus Tapper art. 2 p.237.

qu'ils en apportent a vne grande eſtenduë, & eſt fondée ſur tous les Liures, où ce Docteur incomparable parle de l'alliance du Libre Arbitre auec la Grace. Le ſçauant Ruardus Tapper diſputant contre Caluin, la propoſe en ces termes : *Cette queſtion de l'accord du Libre Arbitre & de la Grace, que S. Auguſtin dit eſtre tres-eſpineuſe, n'auroit aucune difficulté, s'il n'entendoit par le Libre Arbitre, qu'vne puiſſance deſgagée de la contrainte & de la violence.* Certes tous ceux qui ont quelque teinture de la Philoſophie comprennent aiſément, comment il ſe peut faire que la claire veuë de Dieu, quoy qu'elle emporte la volonté des Bien-heureux par vne puiſſance inuincible, ne l'empeſche pas d'agir volontairement ; ils conçoiuent donc auec la meſme facilité, qu'il n'eſt pas neceſſaire que la Grace, pour eſtre efficace & victorieuſe, force nos volontez par vne veritable contrainte. Auez vous iamais veu de Theologien, qui eut de la peine à comprendre ce myſtere ? l'intelligence en eſt aiſée aux moins ſubtils, & la ſeule explication des termes en eſſuye tellement toute la difficulté, qu'on n'en diſpute pas meſme dans l'Eſchole.

Sainct Auguſtin ne parle donc pas de cette liberté, qui n'exclud que la contrainte, quand il taſche de l'aiuſter auec l'efficace de la grace. Car cét Aigle des Docteurs, & cét eſprit ſi eſclairé n'eut point trouué de ſi grandes difficultez dans vne queſtion ſi aiſée, & n'eut pas meſme dit vne

ſeule

ſeule fois ce qu'il repete ſi ſouuent : *Que cette queſtion de l'alliance du Libre Arbitre auec la Grace eſt tres-difficile, qu'elle embarraſſe, & met en peine les plus habiles, & que peu de perſonnes la peuuent conceuoir.*

Les meſmes Docteurs expliquent & fortifient cette preuue par d'autres raiſons, que ie ne fais qu'effleurer. *Quand Sainct Auguſtin demande*, dit le docte Tapperus, *ſi la Grace ne deſtruit point le Libre Arbitre, comme le croyoient les Moines d'Adrumet; il n'eſt pas queſtion de cette liberté qui exclud la violence; car ces Moines ne pouuoient ignorer que la volonté n'eſt point emportée contre ſon gré par vn mouuement eſtranger.* Et peu aprés : *C'eſt pluſtoſt vne erreur contre la Philoſophie, que contre la foy, de ſouſtenir, que la volonté peut eſtre forcée par vne violence interieure :* Mr Cunerus Eueſque de Liuarden adiouſte : *qu'il n'y a iamais eu de diſpute dans l'Egliſe, touchant cette liberté, qui exclud la contrainte & la violence.* Toutes ces raiſons & beaucoup d'autres ſemblables, que ces braues & illuſtres vainqueurs de l'hereſie ont employé pour combatre cette doctrine, font voir plus clairement que le iour, que c'eſt vne haute temerité à Caluin, & aux Ianſeniſtes, de ſouſtenir que ſainct Auguſtin dans tous les Liures, où il fait de ſi grands efforts pour monſtrer que la Grace ne deſtruit pas la liberté de nos volontez, pretend ſeulement qu'elle ne les force point par cette veritable contrainte, que les moindres Philoſophes ſçauent eſtre impoſſible.

Bellar. l. 5. de la grace & du lib. arb. c. 28.

Tapper. art. 2.

Cunerus l. du lib. arb. chap. 5.

Dem. Ces grands hommes, qui ont combatu & deffait Caluin auec tant d'auantage & de gloire, n'alleguent-ils pas aussi quelques tesmoignages particuliers de sainct Augustin, pour faire voir que selon le sentiment de cét admirable Docteur, la volonté preuenuë de la Grace n'agit pas seulement sans contrainte, mais aussi sans necessité?

Resp. Ils en ont recueilly vn si grand nombre, si formels & si exprés, qu'on ne les peut lire sans estre conuaincu de cette verité. L'vn des plus formels, & qui renferme tous les autres en substance & en abbregé, est celuy qu'ils tirent du Chap. 34. du liure de l'Esprit & de la lettre, où sainct Augustin dit, *Les pensées qui nous viennent dans l'esprit, ne sont pas en nostre puissance, mais il est au pouuoir de la volonté d'y consentir, ou de n'y pas consentir.* Et peu aprés: *Dieu opere dans le cœur de l'homme la volonté de croire, & sa misericorde nous preuient en toutes choses: Mais, comme i'ay dit, il est au pouuoir de nostre volonté de consentir à la vocation de Dieu, ou de n'y pas consentir.* Ce grand Sainct pouuoit-il s'expliquer plus clairement?

Bellarm. l. 6. de la grace & du lib. arb. c. 11. Stapl. tom. 2. lib. 4 c. 4. & 8.

Dem. Que dites-vous de l'agreable response auec laquelle les Iansenistes se defont de ce passage, & de beaucoup d'autres semblables? Ne disent-ils pas que S. Augustin ne pretend point, que nostre volonté ait le pouuoir de consentir, ou de ne consentir pas à la Grace, comme auoit celle d'Adam: Mais seulement qu'il veut dire, *que con-*

Iansf. tom. 3. liu. 2. c. 34.

ſentir, ou ne pas conſentir ſont des actions de la volonté : comme c'eſt vne action de l'entendement de raiſonner? Cette explication eſt-elle probable?

Reſp. Ie ne pretends pas impoſer ſilence à nos Ianſeniſtes, leur Demon n'eſt point muet ; mais de vous dire ſeulement, qu'ils ne ſe vantent pas d'eſtre obligez de cette reſponſe, au plus outrageux Liure que l'Enfer ait vomy, & que les Heretiques ayent publié contre le Concile de Trente. C'eſt de l'ouurage du deteſtable Chemnitius, qui pour monſtrer que le Concile a corrompu ce paſſage de ſainct Auguſtin, quand il en exprime le ſens en ces termes : *L'homme peut ne pas conſentir à l'inſpiration, s'il veut,* dit que ſainct Auguſtin ne pretend autre choſe, ſinon que *conſentir & ne pas conſentir, ſont des actions propres de la volonté, comme entendre eſt vne action propre de l'eſprit.* Mais ceux qui ont ſouſtenu auec plus de vigueur la querelle de l'Egliſe, & du Concile de Trente, contre les blaſphemes de cét Heretique, appellent cette reſponſe vne ſottiſe de Chemnitius : & pour la confondre, ils remarquent, que dans ces paroles de ſainct Auguſtin, *La miſericorde de Dieu nous preuient en toutes choſes : mais il eſt au pouuoir de la volonté de conſentir à la vocation, ou de n'y pas conſentir :* cette particule, *mais*, qu'on appelle *aduerſatiue*, monſtre clairement, que ſainct Auguſtin veut dire, que le conſentement eſt au pouuoir de la volonté d'vne maniere, qu'on ne peut attribuer à la Grace preuenante. Or il eſt euident, & les

Bellarm. Stapleton.

Ianſeniſtes meſmes l'auoüent, que dans la penſée de ſainct Auguſtin la Grace preuenante eſt vne action de la volonté : il n'eſt pas donc veritable qu'il veut dire ſeulement, que le conſentement eſt vne action de la volonté. Quoy plus? cette maniere de parler, *conſentir ou ne pas conſentir*, marque l'indifference de la volonté, & on ne s'en ſert iamais pour exprimer vne action neceſſaire.

Dem. Les Ianſeniſtes pretendent, que leur opinion eſt eſtablie ſur des fondemens ineſbranlables : comme ſur ces paroles du Fils de Dieu : *Tous ceux qui entendent, & qui apprennent du Pere celeſte, viennent à moy :* car ſainct Auguſtin les explique de telle ſorte, qu'il ſemble dire, que la Grace de IESVS-CHRIST ne laiſſe point le pouuoir de la refuſer, comme celle des Anges : mais qu'elle emporte neceſſairement la volonté. Qu'en diſent les Docteurs de l'Egliſe, qui ont eſcrit contre les dernieres Hereſies, ont-ils refuté cette obiection?

Ianſ. tom. 3. l. 2. c. 25.

Reſp. Comment l'euſſent-ils paſſée ſous ſilence, puiſque c'eſt vne des plus puiſſantes raiſons, dont Caluin attaque les Decrets du Concile de Trente. Ce malheureux Heretique, aprés auoir fait tous ſes efforts, pour rendre ridicule ce Decret du Concile : *L'homme peut reſiſter à la Grace :* conclud en ces termes: *Mais pour ne nous point arreſter trop long temps ſur cette matiere, ie dis que la deciſion des Peres de Trente eſt entierement contraire à ces paroles de* IESVS-CHRIST. *Tous ceux qui entendent, & qui apprennent de mon pere celeſte, viennent à moy : car, comme ſainct Auguſtin l'a tres-bien remarqué, il s'enſuit de là, que perſonne n'entend & n'apprend du Pere celeſte, qui ne croye en* IESVS-CHRIST, *& que le mouuement du S. Eſprit eſt de telle efficace, qu'il produit touſiours la foy.* Cet impoſteur fait tant d'eſtat de cette preuue, qu'il s'en ſert plus de trente fois, pour combatre la doctrine Catholique : & dans ſes Commentaires ſur ſainct Iean, il ſe vante que ces paroles, *renuerſent l'opinion des Papiſtes*, parce qu'elles marquent, *que la Grace du ſainct Eſprit qui nous attire, eſt ſi efficace, qu'elle emporte nos conſentemens, auec neceſſité.*

Mais les Docteurs Catholiques ont fait voir tres-clairement la foibleſſe de ce raiſonnement. *Nous oppoſons*, dit le ſçauant Stapleton, *à cét inſolent Heretique, ce que dit S. Auguſtin, Dieu attire les hommes à ſon Fils, & neantmoins il leur laiſſe la liberté de choiſir ce qu'ils veulent.* Et pour ſoudre toutes les difficultez, que Caluin forme ſur l'explication, que ſainct Auguſtin donne au paſſage de S. Iean: *Il faut remarquer*, dit le meſme Auteur, *que les paroles de ce Pere expriment bien que la Grace agit infailliblement, & auec vn efficace victorieuſe, mais non pas auec neceſſité. Car, comme les choſes que Dieu a preueuës ſe peuuent faire infailliblement, & neantmoins ſans neceſſité : de meſme la Grace efficace peut operer infailliblement, & neantmoins ſans neceſſité.*

Stapleton ſur S. Iean ch. 6. n. 37.
Bellarm. l. 6. de la Grace & du lib. arb. c. 13.
Tapperus art. 7.
S. Aug. cõtre les lettres de Petil. l. 2. c. 84.
Stapleton tom. 2. l. 4. c. 8.

Dem. Que reſpondez-vous à ce fameux paſſage du liure de la Correction & de la Grace c. 11. & 12. où S. Auguſtin ſemble dire, que la Grace, qui a esté donnée aux Anges, & au premier homme, leur laissoit le pouuoir de la suiure, ou de la reietter, s'ils vouloient : mais que celle qui est propre de la nature corrompuë, emporte nos consentemens, auec necessité?

Resp. Comme cette interpretation des paroles de S. Augustin, est le principal fondement de la doctrine des Caluinistes, & la plus forte de toutes les preuues, dont ils attaquent le Concile de Trente, les plus sçauans defenseurs de la foy l'ont puissamment combatuë, & ont fait voir, *que ce n'est point vn argument, mais vn mensonge plein d'effronterie*, ou, comme parle le docte Pennotus, *que ce n'est point l'opinion de sainct Augustin, mais vn amas & vne suite de plusieurs mensonges, forgez par Caluin.* L'abregé & la substance de leur responsе est, que S Augustin ne parle pas en ce lieu-là des Graces efficaces, que Dieu a communiquées aux bons Anges, mais seulement de la suffisante, qui a esté donnée à Adam, pour perseuerer : & qu'il ne la compare point auec toutes les Graces, que Dieu répand sur les hommes, dans cét estat de la nature déreglée, mais seulement auec l'efficace, *qui fait perseuerer infailliblement les predestinez, mais sans necessité.*

Pennot. l. 9. ch. 13. Malderus sur la 1. 2. de la diuision de la Grace l. 4. Pigh. l. 4. du lib. arb. Horantius l. 1. cap. 55. Bellarm. l. 6. de la Grace & du libre arb. cap. 14. Tapperus art. 7. Stapleton sur la 6. ferie de la 1. sem. du Caresme.

Dem. Quoy? Vous pretendez donc que nostre libre arbitre, sous l'influence victorieuse de la Grace du Sauueur, conserue la mesme indifference & le mesme pouuoir d'agir & de n'agir pas, qu'auoit la volonté des bons Anges, preuenuë de la Grace de santé?

Resp. Les Theologiens de l'Eglise Romaine, qui ont escrit contre les derniers Heretiques, le soustiennent comme vne verité Catholique, & combattent les Caluinistes par ce raisonnement: *Le premier Ange & le premier homme ont tellement peché, qu'ils pouuoient ne pas pecher: & les bons Anges sont tellement demeurez fermes & constans qu'ils pouuoient tomber, comme les Caluinistes l'auoüent. Il faut donc dire aussi que dans cét estat de la nature blessée & languissante les hommes font le bien & le mal, auec la mesme indifference, pour agir & ne pas agir, & que l'efficace de la Grace ne leur oste point cette liberté, qui est opposée à la necessité.* Le Docteur Estius & le Cardinal Bellarmin deduisent & fortifient cette raison. Mr Ysambert la traitte encore plus amplement, & en fait tant d'estat, qu'il la met en teste à plusieurs autres, comme la plus conuainquante, & la plus propre, pour terrasser l'heresie de Caluin, touchant la Grace du Sauueur.

Estius sur le 2. des sentences dist. 24. §. 13. Mr Ysambert disp. 7. du lib. arb. art. 9. Bellarm. l. 6. de la grace & du lib. arb. c. 11. Mr Duual q. 3. des act. humaines act. 1.

Dem. N'est-ce pas estre Pelagien, & changer la toute-puissante Grace de IESVS-CHRIST en vn *secours de possibilité*, que de soustenir que le Libre Arbitre peut n'y pas consentir, s'il veut, comme les bons Anges pouuoient resister à la Grace, s'ils vouloient?

Resp. C'est ce que pretendent les Heretiques du dernier siecle, quand ils accusent le Concile de Trente d'estre Pelagien, & qu'ils protestent que cette decision: *L'homme peut ne pas consentir à l'inspiration, s'il veut*; est comme l'abregé de l'here-

Caluin & Chemnitius sur la 6. sess. du Concile de Trente.

ſie de Pelagius, & qu'elle reduit la force victorieuſe de la Grace de IESVS-CHRIST à vne *pure poſſibilité.* Les plus ſçauantes plumes des Catholiques ont trauaillé pour confondre cette calomnie. Le docte Stapleton la refute ſolidement, & fait voir par des teſmoignages exprés de S. Auguſtin, que Chemnitius eſt vn impoſteur, quand il reproche aux Catholiques auec tant d'inſolence, que la Grace, qu'ils admettent, eſt celle que Pelagius appelloit *Grace de poſſibilité & de puiſſance.* Mr Malderus Eueſque d'Anuers, combattant le fameux Synode des Caluiniſtes, tenu à Dordrecht, & reſpondant à la meſme obiection. *Qui a iamais aſſeuré,* dit-il, *que ceux là ſont Pelagiens, qui maintiennent que Dieu nous aidant de ſa Grace pour perſeuerer, il eſt encore en noſtre pouuoir de ne pas perſeuerer.* Il prouue en ſuitte auec beaucoup de force & de clarté, que cette opinion eſt autant éloignée de la penſée de Pelagius, que la doctrine de l'Egliſe l'eſt de l'erreur de cét Heretique.

Stapleton tom. 2. l. 4. c. 8.

Malderus Antiſynod. p. 253.

CHA-

CHAPITRE IV.

De la necessité de pecher, & de l'impuissance d'obseruer les Commandemens de Dieu.

ARTICLE I.

Ce que les Iansenistes disent de la necessité de pecher, n'est qu'vn abregé de ce que Caluin & ses Disciples en ont escrit.

Demande. IE fremis d'horreur, quand i'entends dire aux Iansenistes, que ceux qui pechent maintenant, le font auec necessité, & que pour lors il leur est impossible d'obeïr au commandement, que Dieu leur fait de ne le point offencer; d'où ont-ils pris cette doctrine, qui me semble si cruelle & si desraisonnable?

Resp. De leurs Maistres ordinaires: c'est à dire, de Caluin, de Beze, de Zanchius, de du Moulin, & des autres ennemis de l'Eglise, qui leur ont mesme fourny toutes les preuues, dont ils l'appuyent, & les artifices, dont ils se seruent pour l'adoucir. Cela se peut voir clairement dans les deux maximes capitales de cette opinion. Les Iansenistes soustiennent que les hommes, qui pechent en cét estat de la nature blessée, le font necessairement, & que neantmoins ils sont veritablement coupables pour ces crimes, & que Dieu les punit auec iustice, parce que cette necessité de pecher n'est point de l'ouurage du Createur, mais vne suite

Iansenius l. 4. de la nature corromp. c. 2. 22. 24. 25.

de la desobeyssance d'Adam, qui a desreglé & corrompu toute nostre nature. Ils publient & font valoir cette doctrine, comme vn fruit de leur grande lecture, & comme vn mystere de leur Cabale, *entierement inconnu aux noueaux Theologiens.*

Et neantmoins ils en ont toute l'obligation à Caluin, comme de tout le reste. Cét Heresiarque la defend dans ses ouurages, comme le fondement de son opinion du Libre Arbitre : *Ie nie*, dit-il, *que le peché pour estre necessaire, nous doiue estre moins imputé; car si quelqu'vn vouloit disputer auec Dieu, & pretendoit eschaper la rigueur de sa iustice, sous ce pretexte, qu'il ne pouuoit pas faire autrement : il a sa response toute preste, & nous l'auons desia produite autre part. C'est que la seruitude du peché qui l'attache necessairement au mal, n'est point de la creation de nostre nature, mais de son desreglement & de sa corruption. Car d'où vient cette impuissance, que les pecheurs prendroient volontiers pour excuse de leurs crimes, si ce n'est du peché d'Adam, qui de son gré & librement s'est engagé dans la tyrannie du Demon?* Ce qu'il explique encore plus au long dans le chap. 3. n. 5. & dans le liure 4. du Libre Arbitre, & le prouue par les mesmes tesmoignages de S. Augustin, & de S. Bernard, que les Iansenistes fanfarent dans leurs liures.

Caluin Inst. lib. 2. c. 5. n. 1.

Tous les Disciples de Caluin soustiennent la mesme opinion auec ardeur, parce qu'elle a vne liaison tres estroite auec les autres parties de leur doctrine du Libre Arbitre, & qu'elle renuerse le plus fort argument, dont les Catholiques la combattent. Beze s'eſtant fait cette queſtion: *Quand vous admettez vne neceſſité de pecher ne ſemblez-vous pas oſter le peché:* reſpond de la ſorte, *Cette conſequence eſt fauſſe, dautant que la neceſſité n'excuſe point, quand vn homme s'y eſt luy-meſme engagé : or cette neceſſité de pecher, dont ie traite maintenant, ne vient point du fonds de noſtre nature, mais de la cheute volontaire du premier homme.* Et le Miniſtre Chamier, que les Heretiques de France ont tenu ſi long temps pour leur Oracle: *Caluin*, dit-il, *nioit cette conſequence: Si le peché eſt neceſſaire, donc il n'eſt pas peché: La raiſon qu'il en apporte, eſt, que cette neceſſité de pecher ne vient point de la creation de noſtre nature; mais de ſon deſreglement & de ſa corruption, qui eſt vne ſuite de la deſobeyſſance d'Adam.*

Beze dans le l. des Queſtions & Reſponſes Chreſtiennes p. 665.

Chamier tom. 3. l. 3. ch. 2.

La ſeconde maxime fondamentale des Ianſeniſtes touchant cette matiere, eſt, qu'ils maintiennent que Dieu n'eſt point iniuſte, nous commandant des choſes, qui nous ſont maintenant impoſſibles, parce qu'il nous auoit donné dans l'eſtat d'innocence des forces, pour les accomplir: & que noſtre impuiſſance ne doit point nous diſpenſer de l'obligation d'obeyr à ſes preceptes, parce que nous l'auons nous-meſmes contractée par le peché de noſtre premier pere. Voila les armes offenſiues & defenſiues des Ianſeniſtes.

Ces Meſſieurs ne ſe laſſeront-ils iamais de parler le langage des Caluiniſtes? emprunteront-ils touſiours d'eux les plus beaux myſteres de leur doctrine? Beze aprés auoir expliqué bien au long

Beze l. de la predeſt. p. 414.

ce grand secret de l'opinion de son Maistre : *Enfin*, dit-il, *pour terminer cette dispute. Escoutez comme Caluin a decidé fort à propos cette question, en peu de paroles : Il ne faut point pretendre d'auoir aucune excuse, de ce que le pouuoir nous manque, & que nous sommes insoluables, comme de pauures debiteurs, qui ont perdu tout leur bien. Car l'impuissance de faire ce que Dieu nous commande, estant vn effet de la corruption de nostre nature, nous sommes tousiours obligez de luy obeyr.* Et l'infame Zanchius, que i'estime le plus dangereux, & le plus subtil de tous les Heretiques du dernier siecle, s'estant proposé cette obiection des Catholiques : *Les hommes peuuent garder les Commandemens de Dieu, autrement il seroit iniuste, leur commandant des choses impossibles :* respond : *Dieu ne nous commande rien qui soit absolument impossible : car il auoit donné à l'homme dans l'estat d'innocence des forces pour garder ses Commandemens, & ce n'est qu'à cause de la corruption de nostre nature, qu'ils nous sont impossibles : Dieu ne laisse donc pas d'estre iuste & sage, quoy que ses Commandemens soient impossibles à la nature foible & languissante.* Voila l'original, Messieurs les Iansenistes, vous n'auez que la copie : rendez l'honneur à qui il appartient : leuez le masque, & aduoüez que vous entreprenez la defense & la protection de Caluin, Luther, & leurs semblables.

Zanchius l. 1. de ses Traittez Theolog. c. 6. pag. 121.

Dem. Les Iansenistes font vne autre remarque, qu'ils estiment tres-importante, & qui donne plus d'esclaircissement à leurs pensées. *M*[r] *d'Y-*

Apol. 1. de Iansf. l. 3. c. 5.

pre, diſent-ils, *n'admet en l'homme pecheur, qui n'eſt point aßiſté de la Grace, qu'vne neceßité generale de pecher, laquelle ne repugne point à la liberté, ſelon l'opinion meſme de ceux, qui la mettent dans l'indifference:* Cela eſt-il veritable?

Reſp. C'eſt vn artifice, qu'il a encore emprunté des Heretiques, & dont il ſe ſert comme eux, pour deſguiſer ſa doctrine, & ſurprendre les ignorans. Quand on ſe plaint des Caluiniſtes, de ce qu'ils oſtent la liberté à tous les pecheurs, qui ne ſont point aſſiſtez de la Grace, ils reſpondent: *Que les pecheurs* (ce ſont les termes de Pierre Martyr) *n'ont qu'vne neceßité generale de mal faire, & qu'ils ont la liberté de choiſir entre les pechez, & de faire l'vn pour euiter l'autre.* L'Auteur des nouuelles opinions n'a pas manqué de copier cette reſponſe des Caluiniſtes, quoy qu'en verité ce ne ſoit qu'vne feinte & vn deſguiſement, qui n'eſt capable d'eſbloüir que les yeux des ignorans: Car il eſt bien vray, que ſelon les principes de Caluin & des Ianſeniſtes, ſi l'on conſidere preciſément l'abſence de la Grace, elle n'engage l'homme que dans vne neceſſité generale de pecher, parce qu'elle ne le porte pas pluſtoſt à la vengeance, qu'à l'auarice, ou à l'impureté. Mais il eſt auſſi veritable, ſelon les meſmes principes, que ſi l'on conſidere la tentation interieure & particuliere, qui pouſſe effectiuement vn homme dans le mal, elle traiſne auec ſoy vne neceſſité particuliere & ineuitable de faire vn tel peché. C'eſt ce que les Catholiques repro-

Pierre Martyr du libr. arb. n. 6

Ianſ. l. 4. de la nat. corr c. 19. 20.

chent à Caluin : c'est aussi ce que les Iansenistes ne peuuent nier, s'ils ne desauoüent les principales maximes de la doctrine de leur Maistre. Car il
Ianſ. tom. 3. l. 4. c. 9. soustient 1. que nostre volonté dans l'estat present ne peut aimer ny le bien, ny le mal, si elle n'est sollicitée par vn *plaisir indeliberé*, qui preuient son consentement, & qui est ou vne grace, ou vne tentation. 2. Qu'elle n'aime iamais le bien, ou le mal, que le *plaisir indeliberé*, qui l'y porte, ne soit victorieux, c'est à dire, qu'il ne soit plus fort, que toute autre delectation, qui la flatte dans le mesme moment. 3. Que quand vne delectation est victorieuse, elle gagne *necessairement* nos volontez par ses attraits, & les fait *agir auec necessité*. D'où il s'ensuit euidemment, que comme il con-
Tom. 3. l. 8. cap. 3. clud de ces principes, qu'vn homme preuenu d'vn plaisir victorieux pour la chasteté, ou pour quelque autre vertu, est emporté par vne necessité particuliere & d'*exercice* à l'amour de la chasteté : il doit dire consequemment, qu'vn homme enflammé d'vne delectation victorieuse, qui le sollicite à l'impureté, est entraisné par vne necessité particuliere & d'*exercice* à l'amour de l'impureté. Et nonobstant cela Iansenius nous veut persuader, *qu'il n'admet point vne necessité par-*
Ianſ. l. 4. de la nature corromp. c. 19. 20. 24. 25. *ticuliere & d'exercice à l'égard du peché*, &c. *Mais seulement vne necessité generale, qui ne repugne point à la liberté, selon l'opinion mesme de ceux qui la mettent dans l'indifference.*

Mais quand ainsi seroit, & que la suite & l'enchaiſneure de ſes principes ne le forceroient point d'auoüer, que ceux qui pechent maintenant, ſont emportez au mal par vne neceſſité particuliere & ineuitable, ce m'eſt aſſez qu'on void qu'aprés auoir touché en paſſant, & comme effleuré cette reſponſe, d'vne neceſſité generale, il la reiette auſſi-toſt, & proteſte, que non ſeulement elle eſt inconneuë à S. Auguſtin, mais qu'elle eſbranle toute la doctrine de ce grand Sainct (il vouloit dire celle de ſon Caluin) & qu'elle eſt entierement inutile, pour éclaircir la difficulté, dont il s'agit. Et pour monſtrer qu'il n'en veut tirer aucun auantage, il ſouſtient, que quand nous pecherions maintenant auec la meſme neceſſité, que les Bien-heureux aiment Dieu: c'eſt à dire, comme il l'explique luy-meſme, *Quand noſtre volonté produiroit vn mauuais amour, qui ne fuſt pas ſeulement neceſſaire de cette neceßité generale, qu'on appelle de ſpecification, mais außi d'vne neceßité d'exercice, comme l'amour des Bien-heureux eſt neceſſaire*, nous ſerions veritablement coupables pour ce peché, & meriterions des ſupplices eternels, parce que la neceſſité, qui nous y auroit engagez, eſt vne ſuite du crime de noſtre premier pere. Voila le grand myſtere de ſa doctrine, dans lequel il ſe declare ouuertement le tuteur d'vne des plus noires & des plus pernicieuſes hereſies dont Caluin a eſté le Pere.

Ianſ. l. 4. de la nature corr. c. 20.

Cap. 24. 25

ARTICLE II.

Les Caluinistes asseurent que cette doctrine de la necessité de pecher leur est particuliere, & qu'elle les diuise des Catholiques.

Demande. IE suis conuaincu que cette opinion est prise de Caluin, & que les Iansenistes ont tort de la publier, comme *inconneuë aux nouueaux Theologiens:* obligez-nous de prouuer qu'elle a passé iusques icy, pour vne des erreurs, dont cét Heretique combat les sentimens de l'Eglise Romaine?

Resp. Ie le fais voir par le consentement vnanime des Caluinistes, qui la soustiennent; & des Catholiques, qui en ont horreur, & la combatent. Les Caluinistes aduoüent qu'elle est directement opposée à la doctrine des *Papistes.* C'est ce que Caluin marque dans tous les endroits, où il en parle; & ses disciples, qui ont traitté les controuerses auec plus de methode, ont coustume de dire dés l'entrée de cette question: *Que les Papistes soustiennent* (ce sont les paroles du Ministre Chamier) *que tout ce qui est necessaire, ne peut estre peché; mais que Caluin le nie, &c. & que la raison pour laquelle il le nie est, que la necessité de pecher, qui ne vient point de la creation de nostre nature, mais de son déreglement, n'oste point le peché?*

Caluin l. 3. & 4. du lib. arb. & l. 2. de son Inst. c. 5.

Chamier tom. 3. l. 3. c. 2.

Et quand ces ennemis de l'Eglise taschent de respondre à ce qu'on leur oppose des Commandemens

demens de Dieu, ils marquent aussi que leur doctrine touchant l'impuissance de les garder, comme nous l'auons expliquée, est contraire aux sentimens des Catholiques: *Ce que les Papistes* (c'est vn des plus chauds defenseurs de Caluin, qui parle) *ont coustume de nous obiecter, que Dieu ne commande pas des choses impossibles, n'a point de force: car bien que ses Commandemens soient impossibles à l'homme, corrompu par le peché d'Adam, ils ne l'estoient point à l'homme, dans l'estat d'innocence, & auant qu'il fust criminel.*

Grauerus art. 18. du lib. arb.

Les autres disciples de Caluin tiennent le mesme langage, & c'est vne verité si publique, & si constante parmy ceux de leur party, que cette opinion de la necessité de pecher, auec ses dependances, choque les sentimens de l'Eglise Romaine, qu'il n'estoit pas mesme necessaire de rapporter leurs paroles, pour le iustifier.

Zanchius l. 1. de ses Traittez Theolog. c. 6. Pareus l. 2. de la grace & du lib. arb. c. 7. Scharpius l. 2. c. 3.

ARTICLE III.

Les Catholiques escriuant contre Caluin, combattent cette opinion de la necessité de pecher, comme heretique.

Demande.

QVAND les Caluinistes ont publié si hautement, que cette doctrine de la necessité de pecher leur est particuliere, & que l'Eglise Romaine la condamne, les Catholiques ne s'y sont-ils pas opposez? N'ont ils point dit, comme ils ont fait en quelques autres matieres, que c'est vne imposture de ces Heretiques ?

Resp. Il n'y en a pas vn seul, qui ait parlé de la sorte. Ils ont tous attaqué cette opinion, comme vne erreur, qui combat les plus constantes, & les plus asseurées maximes de nostre foy. Le Cardinal Bellarmin nous descouure le sentiment des Catholiques, qui ont fait la guerre à cette Heresie, dés sa naissance. *Caluin*, dit-il, *a disposé par ordre tous les argumens des Catholiques, & a tasché de les refuter : ie suiuray le mesme ordre, & rapporteray ses responses, afin qu'on connoisse par leur foiblesse, que les argumens des Catholiques sont tres-solides, & que tous les artifices, & les efforts des Heretiques ne les peuuent esbranler. Le premier argument des Catholiques est tel : Si le peché est necessaire, il n'est point peché*, &c. *Caluin respond, que les pechez des hommes dans cét estat, quoy qu'ils soient necessaires, ne laissent pas d'estre de veritables pechez, parce que cette necessité ne vient point de l'ouurage du Createur, mais de la corruption de nostre nature, qui est vn effet de la desobeissance du premier homme.*

Bellarm. l. 5. de la grace, & du libre arb. c. 14.

Il est donc asseuré que les Catholiques du dernier siecle ont combatu cette doctrine, aussi-tost qu'elle a veu le iour, & que Caluin la defend auec toute sa chaleur ordinaire. Il n'est pas moins constant que les autres Docteurs de l'Eglise, qui ont eu quelque reputation depuis Caluin, se sont declarez contre la mesme opinion, & l'ont rangée parmy les Heresies de cét Apostat. C'est ce qu'on peut voir dans les ouurages de ceux, qui ont escrit auec plus de ſuccés contre les Caluiniſtes: Le ſçauant Horantius dans cet excellent liure, qu'il a composé des plus pures lumieres, qu'il receut dans le Concile de Trente, employe vn Chapitre tout entier à deſtruire cette erreur, & luy oppoſe cette verité Catholique, qui en ruine tous les fondemens : *Dieu ne nous imputeroit iamais vn peché, que la concupiſcence originelle, & la corruption de noſtre nature nous auroit fait commettre neceſſairement.* Le Cardinal Bellarmin & Monſieur Yſambert font encore de plus grands efforts, pour conuaincre cette opinion d'hereſie. Ie ne veux pas icy copier leurs paroles, ny celles des autres Docteurs, qui eſcriuant contre Caluin, ont combatu cette doctrine, comme vne erreur. Ce m'eſt aſſez de faire icy deux reflexions, tres-conſiderables.

Horant. l. 1 contre Caluin c. 31.

Bellarm. l. 5. de la grace & du lib. arb. c. 14. Mr Yſamb. d. 7. du lib. arb. a. 9. 11. 12.

La premiere eſt, que parmy tant de ſçauans defenſeurs de la foy, que l'Egliſe a employé depuis cent ans, pour deffaire les ennemis iurez du Libre Arbitre, les Ianſeniſtes n'en ſçauroient trouuer vn ſeul, qui approuue cette cruelle maxime, que leur Maiſtre a priſe des Caluiniſtes, & qui fait le fort de cette diſpute; Dans cét eſtat de la nature corrompuë, vn peché, *qui ne ſeroit pas ſeulement neceſſaire de cette neceſſité generale qu'on appelle de ſpecification, mais auſſi d'vne neceſſité d'exercice, comme l'amour des Bien-heureux eſt neceſſaire*, ſeroit veritablement peché, & meriteroit des ſupplices eternels, parce que la neceſſité,

Ianſ. l. 4. de la nature corromp. c. 24. & 25.

qui nous y engageroit, eſt vne ſuite du crime de noſtre premier pere.

La ſeconde reflexion eſt, que le Cardinal Bellarmin, M[r] Yſambert, Mr de Gamaches, Mr Dual, les Docteurs Horantius, Tapperus, Wigers, Malderus, Pennottus, Aluarez, Peſantius, Cabrera, & les autres, que i'ay citez dans le ſecond chapitre de cét Ouurage, condamnent auſſi bien cette doctrine de Ianſenius, quand ils aſſeurent que c'eſt vne hereſie de Caluin: *Qu'vne action faite ſans liberté, peut eſtre vn veritable peché,* que quand il diſent plus clairement, que c'eſt vne erreur du meſme Heretique: *Qu'vne action faite auec vne neceſſité d'exercice, peut eſtre vn veritable peché.* Parce qu'ayant fait voir que ce n'eſt point la contrainte, comme le vouloit Caluin, mais la neceſſité d'exercice, qui eſt oppoſée au Libre Arbitre, ils ſe ſeruent indifferemment de ces façons de parler, qui dans leur langage ſignifient la meſme choſe: *Pecher auec vne neceſſité d'exercice. & pecher ſans liberté:* ou, *n'auoir point de libre arbitre, au regard du peché.*

Dem. Les Docteurs Catholiques eſcriuant contre Caluin, ont-ils auſſi combatu la ſeconde partie de cette opinion des Ianſeniſtes, qui regarde l'impuiſſance d'obſeruer les Commandemens de Dieu?

Reſp. Ils l'ont traittée auec la meſme rigueur que la premiere, dont elle n'eſt qu'vne dependance. Mais pour diſſiper les nuages, dont les

Ianſeniſtes taſchent d'obſcurcir cette verité, il faut prendre garde, que Caluin a deux grandes hereſies ſur cette matiere. L'vne eſt, qu'il pretend que les iuſtes n'obſeruent iamais parfaitement la Loy de Dieu, parce qu'il croit que nos plus ſainctes actions ſont de veritables pechez, quoy que Dieu ne nous les impute point: L'autre, qu'il ſouſtient que les pecheurs commettent neceſſairement les crimes, que Dieu leur impute, & pour leſquels ils ſont damnez. Les Catholiques declarent la guerre à ces deux opinions, comme à deux grandes hereſies. Ils attaquent la premiere, quand ils traittent de la iuſtification, & qu'ils font voir que nos plus ſainctes actions ne ſont pas des pechez. Ils ruinent la ſeconde, quand il diſputent du libre arbitre, & qu'ils prouuent que les pechez, pour leſquels les hommes ſont damnez, ſe doiuent faire auec cette liberté, qui n'eſt pas ſeulement deſgagée de la contrainte, mais auſſi de la neceſſité. Voicy comme ils raiſonnent: *Quelle tyrannie, & quelle horrible cruauté ſeroit-ce à Dieu, de damner vn homme eternellement, pour auoir commis des pechez qu'il ne pouuoit euiter*, &c. c'eſt à dire, *pour n'auoir pas obſerué des commandemens, qui luy eſtoient impoſſibles.* C'eſt le raiſonnement du Docteur Paul de Windek, du Cardinal Bellarmin, du ſçauant Horantius, de M^r Yſambert, de Mr de Gamaches, & de tous les autres Docteurs Catholiques, qui pour terraſſer l'hereſie de Caluin, prouuent par les Commandemens de Dieu, que le crime de noſtre

Vvindck de la mort de Ieſus-Chr. p. 158. Bellarm. l. 5. de la grace & du lib. arb. c. 17. Horant. l. 1. c. 32. 33. 34. M^r Yſamb. diſp. 7. du lib. arb. art. 11. 12. Mr de Gamaches ſur la 1. 2. q. 11. c. 5.

premier pere ne nous a point precipitez dans vne necessité ineuitable de pecher, & que nous auons encore, aprés la perte de nostre innocence, cette liberté, qui est opposée à la necessité.

ARTICLE IV.

Les raisons qu'emploient les Docteurs Catholiques, pour conuaincre d'heresie cette opinion de Caluin, touchant la necessité de pecher.

Demande. IL m'est euident, que si l'on s'arreste au sentiment de tous ces puissans & sçauans protecteurs de la foy, cette doctrine de Caluin doit estre tenuë pour heretique. Mais les raisons dont ils appuyent leur censure, sont-elles aussi considerables que leur auctorité?

Resp. Vous en serez conuaincu, quand vous aurez remarqué que les artifices de Caluin, qui ne different point de ceux de nos Iansenistes, n'ont seruy qu'à les mettre en leur iour, & les faire paroistre inuincibles & inesbranlables. Toutes ces raisons se rapportent à trois capitales. La premiere est fondée sur cette grande maxime: *Personne ne peche en ce qu'il fait par necessité:* Laquelle est tirée de l'Escriture saincte, & des Peres, & a passé iusques icy pour vne de ces veritez indubitables, dont les sages demeurent d'accord auec les ignorans mesmes. Les Papes Pie V. & Gregoire XIII. l'ont encore renduë plus venerable, depuis qu'ils ont condamné cette proposition de

Baius, *L'homme peche mesme mortellement en ce qu'il fait necessairement.* La seconde est encore extraite d'vn grand nombre de passages de l'Escriture saincte, & des Peres, qui conspirent tous à establir cette grande verité: *Si l'homme pechoit auec necessité, les exhortations seroient inutiles, & les reproches que Dieu luy fait aprés son crime, seroient iniustes.* La troisiesme, qui est aussi appuyée sur l'auctorité inuiolable des Peres & de l'Escriture saincte, s'exprime par ces termes: *Dieu qui est la iustice & la bonté mesme, ne peut damner vn homme pour n'auoir pas obey à vn Commandement, qui luy estoit impossible: Il ne se peut donc faire qu'vn peché, que Dieu nous commande d'euiter, & pour lequel il nous damne, soit necessaire.*

Ie ne sçaurois rapporter icy ce grand nombre de passages, que tant d'illustres combatans de l'heresie ont recueillis de l'Escriture saincte, & des Peres, pour donner plus de force à ces raisons. Vous les pouuez voir dans les liures du Cardinal Bellarmin, du Docteur Horantius, de Mr Ysambert, & des autres, qui ont combatu cette erreur de Caluin, auec plus de methode. Ils examinent toutes ces preuues l'vne aprés l'autre, & tous les tesmoignages de l'Escriture, qui leur seruent de fondement, puis ils en tirent vne conclusion, & comme vn article de foy, directement opposé à l'opinion des Iansenistes: *Voicy donc mon raisonnement* (c'est le Docteur Horantius qui parle) *ou plustost ma creance & ma profession de foy: si vn peché est veritable-*

Bellar. l. 5. de la grace & du libre arb. c. 14. 15. 16. 17. 18. 19. 20. 21 22. 23.
Horant. l. 1. c. 29. 30. 31. 32. 33. 34. 35.
Mr Y. amb. disp. 7. du lib. arb. art. 7. 8. 9. 10. 11.

ment peché, c'est à dire s'il merite des supplices eternels, si Dieu par ses exhortations, par ses menaces, & par tant d'autres moyens nous aduertit de le fuir, comme vn serpent, il ne doit pas seulement estre fait volontairement & sans contrainte, mais aussi librement, & sans necessité. Et ie ne vois pas encore comme Caluin se peut deffaire de ses preuues inuincibles.

Dem. Ceux de la doctrine à la mode se vantent d'y respondre nettement. Et n'ont-ils pas raison de dire que cette maxime, qui fait la premiere de ces preuues: *Personne ne peche en ce qu'il fait auec necessité*, est seulement veritable, quand la necessité vient du fonds de la nature : mais non pas quand elle est vne suite de nostre peché, ou de celuy d'Adam.

Resp. C'est Caluin qui parle, & leur fournit cette deffaite, dont ils se seruent si mal à propos, que par vn estrange aueuglement ils l'appliquent à cette proposition de Baius, que les Papes foudroient dans leurs Bulles: *L'homme peche mesme mortellement en ce qu'il fait necessairement.* Voicy les paroles de leur Maistre : *Cette proposition condamnée ne parle pas d'vne necessité, qui vienne de la mauuaise volonté, qui a precedé*, &c. *Mais d'vne necessité qui suiuroit l'inclination & l'ouurage de la nature.* Ie ne croy pas qu'on puisse voir vne imprudence plus signalée, ou vne imposture plus hardie. Il est tres-asseuré, & cét Auteur mesme l'auouë en vn autre endroit, que selon la doctrine de Baius, il est absolument necessaire que l'ignorance & la concupiscence soient

Iansf. l. 4. de la nature corromp. c. 25.

Iansf. l. 3. de la pure nature c. 22.

ſoient la peine d'vn crime, qui ait precedé noſtre nature, parce qu'il eſt impoſſible que ce qui nous porte au peché, vienne du fonds de la nature. Voila comme cét Auteur meſme explique l'opinion de Baius : & neantmoins pour ſe deffaire d'vne obiection, qui le preſſe, il dit maintenant, que Baius vouloit que la neceſſité, dont il parle dans cette propoſition : *L'homme peche meſme mortellement, en ce qu'il fait neceſſairement*, ne vient point du crime de noſtre premier pere ; mais du fonds de noſtre nature. Et ce qui eſt encore bien remarquable, & qui fait voir tres-clairement, qu'il explique contre ſa penſée l'opinion de Baius, c'eſt qu'il n'apporte pas vne ſeule raiſon, ny la moindre coniecture, pour prouuer ce qu'il en dit. Il ſe contente de l'aſſeurer, pour eſbloüir ceux qui ne ſçauent pas que les autres propoſitions de cét Auteur condamné, & principalement la 46. & la 55. conuainquent d'impoſture l'interpretation, qu'il donne à celle-cy.

Cette reſponſe de Caluin ne peut donc mettre les Ianſeniſtes à couuert des foudres de ces Bulles. Voyons maintenant ce qu'en diſent les Docteurs Catholiques pour la renuerſer. Ils ſe ſeruent d'vne excellente raiſon, qui monſtre clairement, que ſi la concupiſcence, qui eſt vne peine du peché d'Adam, nous portoit au mal, par vne neceſſité ineuitable, les baptiſez ne ſeroient point coupables de tous les crimes qu'ils font, & les Infideles n'auroient point d'autre peché, que celuy d'origine. *Le peché originel*, dit le Cardinal Bellarmin, *est remis par le Baptesme, de sorte qu'il n'est plus dans vn homme baptizé, comme le tient l'Eglise: ou pour le moins, qu'il n'est pas imputé, comme Caluin le veut. donc les pechez qui naissent de cette corruption originelle, ne peuuent estre imputez à vn homme baptizé, s'il n'y a vne nouuelle raison de les luy imputer, c'est à dire, s'il ne les fait de telle sorte, qu'il les puisse euiter.* Le principe sur lequel il appuye ce raisonnement est, *qu'vne action qui n'a point d'indifference dans elle-mesme, mais seulement dans sa cause, n'a point vne malice distincte de la malice de sa cause:* C'est pourquoy Sainct Augustin dit: *que l'inceste de Loth ne deuoit pas estre puny comme vn inceste, mais comme vne yurognerie.* D'où ce sçauant Cardinal conclut, que si nous pechions auec necessité, comme le veut Caluin, nos crimes n'auroient point d'autre malice, que celle du peché d'origine.

Bellarm. l. 5. de la Grace & du lib. Arbitre, c. 14. & l. 2. c. 7.

Il ne faut consulter que le sens commun & la lumiere de la raison, pour voir que cette preuue est conuainquante. Car n'est-il pas euident, que si vn homme prenoit volontairement vn breuuage delicieux, qui l'enyurast, ou plustost qui le rendist phrenetique, tout le reste de sa vie, les crimes qu'il feroit par aprés durant sa fureur, n'auroient point d'autre malice, que celle du peché, qui l'a mis dans ce malheureux estat. De sorte que s'il auoit quelque bon interualle, & que pour lors il fit vn acte d'vne parfaite contrition, qui effaçast ce premier peché, tout ce qu'il feroit aprés dans l'excés de sa folie, ie veux dire les blasphemes les plus horribles, & les impietez les plus abominables ne seroient plus criminelles. Il faut donc dire de mesme, que si le crime de nostre premier pere nous auoit precipitez dans vne necessité ineuitable de mal faire, & que, selon cette belle hypothese de Iansenius, tous les crimes, qui se font maintenant, fussent aussi necessaires, que l'amour des Bien-heureux, nous ne serions point coupables de tous ceux, qui se font aprés le baptesme.

Dem. L'autre preuue que vous tirez des exhortations & des reproches que Dieu fait aux pecheurs, est fortement combatuë par les Iansenistes; car ils pretendent que la necessité de pecher estant vne peine de la desobeïssance du premier homme, Dieu peut nous exhorter de ne pas faire le mal, que nous commettons necessairement, & se plaindre de nous, quand nous l'auons fait. Ils disent mesme que cét argument attaque l'Apostre & Sainct Augustin, aussi bien qu'eux, & que ce grand Docteur de la Grace a fait vn liure exprés, pour y respondre. Enfin, ils soustiennent que les exhortations & les reproches sont tres-vtiles à ceux-là mesmes, qui pechent auec necessité. Toutes ces responses n'essuyent-elles pas la difficulté de cét argument?

Iansenius l. 4. de la nature corromp. c. 2. l. 3. de la Gr. de I. Chr. c. 14. 17.

Resp. Nos Docteurs qui ont triomphé de Caluin, ont fait voir que ce ne ſont que de friuoles deffaites de cét Heretique, & ont monſtré par des preuues tres-ſolides, que la neceſſité de pecher, quand meſme elle ſeroit vn châtiment de la deſobeïſſance du premier homme, ne ſe pourroit accorder auec les exhortations & les reproches, que Dieu fait aux pecheurs. Car exhorter vn homme de ne pas commettre vn crime, qu'il fait auec neceſſité, & le reprendre quand il l'a commis: *C'eſt le meſme*, dit le Cardinal Bellarmin, *que ſi l'on exhortoit vn priſonnier de ſe pourmener dans la campagne, & qu'on le reprit de ce qu'il ne le fait pas.* Les Ianſeniſtes ſe garderont bien d'auoüer que cét exemple ſoit à propos. Qu'ils cõtinuent donc leur audience à ce grand Cardinal: *Caluin ne peut ſouffrir cette comparaiſon, & dit qu'il y a bien de la difference entre vn homme, qui eſtant lié par force ne peut courir, & celuy qui eſtant deuenu mauuais par ſa faute, ne peut plus faire le bien. Mais pour le conuaincre, ſuppoſons qu'vn homme ſoit tombé par ſa faute dans vn puits, d'où il ne ſe peut retirer: pourroit-on l'exhorter d'en ſortir, & le reprendre de ce qu'il ne le fait pas. On pourroit bien luy faire des reproches de ce qu'il s'y eſt ietté, parce qu'il eſtoit en ſon pouuoir de ne le pas faire. Mais on ne pourroit le reprendre auec iuſtice de ce qu'il n'en ſort pas, parce qu'il ne le peut.*

Bellarmin liu. 5. de la Grace & du Libre Arbitre, c. 17.

Ce que les Ianſeniſtes adiouſtent pour fortifier leur reſponſe, eſt encore puiſé des meſmes ſources: & M[r] Yſambert le propoſe en ces termes: *Caluin reſpond à cét argument tiré des exhorta-*

M[r] Yſambert diſp. 7. du Lib. Arbitre, a. 12.

tions & des reproches. 1. qu'on s'en peut ſeruir de la meſme maniere contre IESVS-CHRIST, *& les Apoſtres, qui diſent ſi ſouuent que ſans la Grace, nous ne pouuons rien faire de bien, & qui pourtant nous y exhortent. 2. que les Pelagiens ayant combatu Sainct Auguſtin par le meſme argument, il a fait vn liure exprés pour y reſpondre, & l'a intitulé De la Correction & de la Grace. 3. que les exhortations & les reproches ne laiſſent pas d'eſtre vtiles à ceux qui pechent auec neceſſité*, &c. Caluin eſtend bien au long les trois parties de cette reſponſe, & les Ianſeniſtes ont tort de publier que leur Maiſtre a triomphé ſur cette matiere, puis qu'il n'a fait que copier ce qu'en dit cét Heretique.

Mais les Docteurs de l'Egliſe Romaine ont fait voir que ce ne ſont que des fuites, des deffaites, des deguiſemens, & des impoſtures de Caluin. *Cette reſponſe de Caluin*, dit Mr Yſambert, *n'eſt qu'vne vaine deffaite. Car premierement les teſmoignages de l'Eſcriture ſaincte, que nous auons alleguez pour appuyer la verité Catholique, monſtrant ſi clairement: que Dieu nous preſente ſa Grace: que nous la reiettons ſouuent: & qu'il ne tient qu'à nous de l'auoir*, &c. *il eſt viſible qu'on ne peut ſe ſeruir du meſme argument contre* IESVS-CHRIST *& les Apoſtres*. Le Docteur Horantius, fait vn chapitre exprés pour combatre cette premiere partie de la reſponſe de Caluin, & prouue fortement & auec beaucoup d'eloquence, ce que Mr Yſambert, le Card. Bellarmin, & beaucoup d'autres ne font qu'effleurer.

Mr Yſambert diſp. 7. du Lib. Arbitre, ar. 12.

Horan. l. 1. c. 33. Bellarmin l. 5 du Lib. Arb. & de la Grace, c. 17.

La ſeconde partie de la reſponſe de Caluin, & que les Ianſeniſtes ont touſiours en bouche, a eſté refutée auec la meſme force & ſolidité, par tous ces braues defenſeurs de la foy: *Ie reſponds*, dit le Cardinal Bellarmin, *à ce que Caluin oppoſe du liure de la Correction & de la Grace, que Sainct Auguſtin dans tout cét ouurage ſuppoſe comme vne choſe aſſeurée, que ceux qu'on reprend, ne manquent point de ſecours & de Grace neceſſaire, pour profiter de cette correction.* Et il fait voir par des teſmoignages formels de ce liure de la Correction & de la Grace, que cela eſt ſi aſſeuré, qu'il eſt comme la baſe & le fondement de toute la doctrine, que ce grand Docteur y eſtablit. M[r] Yſambert prouue encore le meſme, & le ſçauant Horantius a fait vn chapitre exprés, pour confondre cette impoſture de Caluin.

Bellarmin l.5. de la Gr. & du Libre Arb. c. 17.

M[r] Yſambert diſp. 7. art. 12.

Horant. l. 1. ch. 2.

La troiſieſme partie de la reſponſe de cét Heretique, par laquelle il pretend que ceux meſme, qui pechent par neceſſité, tirent de grands auantages des exhortations, eſt encore clairement refutée par les Docteurs Catholiques. Car ils combatent en particulier tous ces auantages imaginaires, qui ne different point de ceux que les Ianſeniſtes nous alleguent, que vous lirez auec leur refutation dans les liures de tous ces victorieux de l'Hereſie: ie me contente de vous en donner l'abregé dans ces paroles du Cardinal Bellarmin: *Lors que Caluin aſſeure que les mechans, quoy qu'ils pechent auec neceſſité, doiuent pourtant eſtre corrigez, afin que cette corre-*

Bellarmin l.5. de la Gr. & du Libre Arbit. c. 17.

ction soit vn tourment de leur conscience, durant cette vie, & dans l'autre vn tesmoignage, qui les rende inexcusables deuant le tribunal de la iustice diuine: quand il parle, dis-ie, de la sorte, il suppose comme vne verité asseurée, ce qu'il deuoit prouuer, & qui est le suiet de cette controuerse; c'est à dire, qu'vne chose qui se fait auec necessité peut estre vn veritable peché. Ie nie donc que la correction doiue seruir de tourment à la conscience, & rendre inexcusable deuant Dieu celuy, qui auroit peché auec necessité: au contraire cela mesme l'excuseroit deuant Dieu, & dans sa conscience, s'il pouuoit dire que c'est par necessité, qu'il a peché.

Mr Ysambert disp. 7 du Lib. Arbitre art. 12. Horant. l. 1. c. 23. 24.

Dem. La troisiesme preuue, que vous tirez des Commandemens de Dieu, n'est pas moins contestée des Iansenistes, car ils pretendent que Dieu nous peut commander des choses, qui nous sont deuenuës impossibles par nostre faute: Comment satisfaites-vous à cette obiection?

Resp. La responsе est aussi ancienne que Caluin, auquel nos Iansenistes sont obligez de cette raison, aussi bien que des autres. Voicy le raisonnement des Catholiques, & nommément de Windek escriuant contre Caluin: *Quelle tyrannie & quelle horrible cruauté*, ce sont ses paroles, *seroit-ce à Dieu de damner eternellement vn homme, pour auoir commis des pechez qu'il ne pouuoit euiter, &c. Comme si l'on commandoit à quelqu'vn sous peine de la vie, de voler en l'air: celuy qui feroit ce commandement d'vne chose impossible, ne passeroit-il pas pour fol, ou pour cruel?* Et parce que Caluin & Beze se mocquent de ces exem-

Vvindek de la mort de Iesus Chr. pag. 158. Bellarmin l. 5. de la Gr. & du Libre Arbitre ch. 17. 20.

ples, & difent que ce n'eſt point par noſtre faute que nous ne pouuõs voler, comme c'eſt par noſtre faute que nous ne pouuons maintenant arreſter la violence de nos paſſions, qui nous entraiſnent dans le peché; les Catholiques ſe ſeruent encore d'autres exemples : comme d'vn valet qui ſe feroit ietté dans vn puits. Car il eſt éuident, que s'il n'en pouuoit ſortir, celuy qui luy commanderoit ſous peine de la vie de remonter, & qui le feroit mourir pour n'auoir pas obey à ce commandement, ſeroit le plus iniuſte & le plus cruel de tous les hommes. De plus, Caluin aduoüe, que l'aueuglement de tant de malheureux, qui n'ont iamais eu l'vſage de la veuë, & la neceſſité de mourir, paſſe auſſi bien pour vn chaſtiment de la deſobeïſſance de noſtre premier pere, que la neceſſité de pecher : Or il eſt éuident que Dieu ne voulant point faire de miracle, ne peut commander à celuy, qui eſt né aueugle, de regarder le Soleil, ny à vn malade de ne point mourir. Il ne peut non plus les damner tous deux, pour n'auoir pas obey à ce commandement : D'où ie conclus auec tous les Catholiques, contre les Caluiniſtes & les Ianſeniſtes, que Dieu ne nous peut commander des choſes, qui nous ſont deuenuës impoſſibles par noſtre faute meſme.

Dem. Le Concile de Trente dans la Seance 6. canon 18. a-t'il condamné cette opinion de l'impuiſſance d'obſeruer les Commandemens de Dieu? les Ianſeniſtes ſouſtiennent *que le canon du Concile*

Apologie 2. de Ianſen. l. 3. c. 1.

Concile, comme le Cardinal Bellarmin le declare dans ses controuerses, ne regarde manifestement que l'erreur des Heretiques, qui disent que les commandemens de Dieu sont impossibles aux Iustes mesmes, auec la Grace, & qu'ils pechent mortellement en toutes leurs actions, quoy que Dieu ne leur impute pas ces pechez?

Resp. Il est bien vray que le principal dessein du Concile en cét endroit, est de condamner cét erreur, mais il comprend aussi l'autre dans sa decision, parce qu'il l'establit sur cette maxime generale *Dieu ne commande rien d'impossible.* Ce qui est encore plus visible dans le chapitre 11. de la mesme Seance, qui n'est qu'vne preuue & vn esclaircissement de la doctrine de ce canon. Car aprés auoir dit: *Personne ne se doit seruir de ces paroles temeraires, & qui ont esté condamnées d'anatheme par les Peres. Il est impossible qu'vn homme iustifié obserue les Commandemens de Dieu:* il adiouste pour destruire cette erreur: *Car Dieu ne commande pas des choses impossibles, mais en commandant il nous aduertit de faire ce que nous pouuons, & de demander ce que nous ne pouuons pas, & nous aide, afin que nous le puissions.*

Et le Card. Bellarmin, que les Iansenistes mesme ont choisi pour arbitre de cette question, voulant conuaincre les Heretiques, de la verité de cette maxime generale, dit au mesme endroit: *Si les commandemens estoient impossibles, ils n'obligeroient personne, & par consequent ils ne seroient plus commandemens. Car on ne peut comprendre comment vn homme peche en ce qu'il ne peut euiter: & si celuy-là ne peche point, qui ne peut s'empeſcher de violer la Loy , certes il ne viole point la loy, ou pluſtoſt il n'a point de loy.* & peu aprés: *Dieu ſeroit plus cruel & plus iniuſte que les tyrans , ſi ſes Commandemens eſtoient impoſſibles.* Voila le fondement ſur lequel le Concile eſtablit ſa deciſion. Or il eſt viſible , qu'il ne peut ſubſiſter, ſi ce que les Ianſeniſtes ſouſtiennent auec Caluin eſt veritable; & s'il ſe pouuoit faire, que Dieu commandaſt ſous peine de la damnation eternelle, de ne point pecher, à ceux qui dãs cét eſtat l'offenſeroient auec la meſme neceſſité que les Bien-heureux l'aiment.

ARTICLE V.

Les plus ſçauans defenſeurs de la foy refutant Caluin, ont fait voir clairement, que cette opinion de la neceſſité de pecher, n'eſt point de Sainct Auguſtin, & ont ruiné toutes les preuues, dont les Ianſeniſtes taſchent de l'appuyer.

Demande. LES Ianſeniſtes accablez de la force de ces raiſons victorieuſes, auront recours à leurs exclamations ordinaires, & deploreront l'aueuglement de ceux, qui condamnent d'hereſie vne opinion , que Sainct Auguſtin enſeigne dans tous ſes ouurages, & qui eſt l'vne des plus conſtantes maximes de ſa doctrine: Pouuez-vous les conuaincre du contraire?

Reſp. S'ils vouloient lire ſans paſſion ce que les Catholiques ont eſcrit contre Caluin, deuant qu'il y euſt des Ianſeniſtes au monde , ie ſuis aſſeuré qu'ils ſeroient bien-toſt deſabuſez. Car cét Heretique ayant ſouſtenu auec la meſme hardieſſe, qu'ils font auiourd'huy, *que S. Auguſtin parle dans tous ſes Ouurages de cette neceſſité de pecher:* & ayant meſme recueilly tous les paſſages de ce Pere, dont les Ianſeniſtes nous eſtourdiſſent, & leur ayant donné les meſmes interpretations: les Theologiens de l'Egliſe Romaine ont fait voir que ce n'eſtoient que des impoſtures & des deguiſemens, & que ce Docteur incomparable combat dans tous ſes Ouurages cette erreur, que Caluin luy impoſe. Le ſçauant Horantius que ie cite tres-volontiers, parce qu'il a composé ſon liure contre Caluin, durant le Concile de Trente, & qu'il y a expliqué le ſentiment des Peres, qui y aſſiſtoient, fait vn chapitre exprés pour monſtrer, que *Sainct Auguſtin n'a iamais enſeigné qu'on peche neceſſairement.* Et d'abord il dit, *que Caluin fait vn tort & vn outrage inſigne à Sainct Auguſtin,* luy attribuant vne opinion ſi deſraiſonnable. Le Cardinal Bellarmin, Albert, Pighius, & les autres, qui ont attaqué Caluin, ſur cette matiere, font voir le meſme d'vne maniere inuincible, car ils n'eſtabliſſent pas ſeulement cette verité, mais ils ruinent encore toutes les obiections, qui la combatent.

Caluin dans ſon Inſt. l. 2. ch. 3. & dans le l. 3. du Lib. Arb.

Bellarm. l. 5. de la grace & du lib. arb c. 27. 28. Pighius l. 3. du lib. arb.

Parmy vne grande foule de paſſages formels & éuidens, qu'ils ont recueillis pour ce deſſein, ceux dont ils font plus d'eſtat, & qu'ils ſouſtiennent auec plus d'ardeur contre les attaques de Caluin, ſont tirez du liure 3. du Libre Arbitre, ch. 18. & du liure de la vraye Religion, c.14. & de celuy des deux Ames chap. 11. Dans le premier S. Auguſtin dit en termes exprés: *Qui peche en ce qui ne ſe peut aucunement euiter? Or il eſt certain qu'on peche : On s'en peut donc donner de garde.* Dans le ſecond il aſſeure, que *le peché eſt tellement volontaire, que s'il n'eſt point volontaire, il n'eſt point peché :* & il eſt viſible par la liaiſon de ces paroles auec celles, qui precedent & qui ſuiuent, qu'il prend ce mot de *volontaire*, pour vn mouuement, qui n'eſt pas ſeulement exempt de contrainte, mais auſſi de neceſſité. Et dans le troiſieſme il donne cette excellente definition du peché : *C'eſt vne volonté de retenir ou d'acquerir ce que la iuſtice nous defend, & dont il nous eſt libre de nous abſtenir.* Ces trois teſmoignages decident clairement cette queſtion : & nos plus celebres Docteurs s'en ſeruent pour confondre les Caluiniſtes, qui ſe vantent auec tant d'inſolence, que Sainct Auguſtin eſt le protecteur de leur opinion, touchant la neceſſité de pecher.

Apolog. 2. de Ianſen. l. 3. c. 5. Ianſ. l. 4. de la nature corromp. ch. 22.

Dem. Que dites-vous des Ianſeniſtes, qui ne peuuent ſouffrir qu'on leur obiecte le premier de ces paſſages, & qui proteſtent *qu'il ne faut que lire ce qui ſuit immediatement dans Sainct Auguſtin pour y trouuer la reſponſe, & que ce Sainct ne parle que de la cauſe du premier peché?*

Caluin l. 3. du Lib. Arbitre.

Reſp. Il y a dequoy s'eſtonner de les voir tellement attachez à Caluin, qu'ils ne prennent pas ſeulement ſes penſées, mais meſme ſa façon deſdaigneuſe de les exprimer. *On nous oppoſe*, dit cét

Hereſiarque, *ces paroles de Sainct Auguſtin : Perſonne ne peche en ce qu'il ne peut euiter. Mais qu'on regarde ſeulement l'endroit, & on verra qu'il parle du peché du premier homme.* Ce qu'il s'efforce encor de prouuer par le meſme paſſage des Retractations, dont les Ianſeniſtes font tant de trophées. Mais les Docteurs Catholiques ont decouuert toutes ces illuſions & ces artifices, & ont fait voir plus clair que le iour, que Sainct Auguſtin parle auſſi des pechez, qui ſe commettent dans l'eſtat de la nature affoiblie, lors qu'il aſſeure dans ce chapitre 18. du liure 3. du Libre Arbitre, *que perſonne ne peche en ce qu'il ne peut euiter.* Voyez ce qu'en eſcrit le Cardinal Bellarmin, diſputant contre cét Heretique, parmy vn grand nombre de preuues conuainquantes qu'il en apporte, remarquez ce que Sainct Auguſtin dit au meſme endroit, pour reſpondre à ceux qui ſe plaignent, de ce que l'ignorance & la concupiſcence, qui ſont les funeſtes reliques de la deſobeïſſance d'Adam, nous entraiſnent comme par force dans le peché : *Puiſque Dieu,* dit-il, *eſt preſent par tout, & que par ſes creatures, & en beaucoup de manieres, il appelle celuy qui eſt eſloigné, enſeigne celuy qui croit, conſole celuy qui eſpere, exhorte celuy qui aime, aide celuy qui s'efforce, & exauce celuy qui le prie ; vous n'eſtes pas coupable, pour ce que vous ignorez malgré vous, mais pource que vous negligez de ſçauoir ce que vous ignorez : ny parce qu'eſtant bleſſé vous ne vous releuez pas, mais parce que vous meſpriſez celuy qui vous veut guerir : Voila les*

Bellarm. l. 5. de la grace & du lib. arb. c. 17.

pechez, qui vous sont propres. Ces paroles dissipent tous les nuages dont Caluin & ceux de son party taschent d'obscurcir la pensée de Sainct Augustin.

Dem. Mais quoy, Sainct Augustin ne dit-il pas au mesme endroit, qu'il y a dans l'estat de la nature languissante des pechez de necessité?

Resp. C'est vn grand mystere, qui nous fera voir l'aueuglement des Iansenistes, & la contradiction, dans laquelle ils se sont engagez, ne prenant qu'vne partie de l'opinion de Caluin. Il est vray que Sainct Augustin ayant dit, *que personne ne peche en ce qu'il ne peut euiter*, adiouste aussi-tost: *Il y a neantmoins des actions, faites par necessité, que l'on condamne, lors que l'homme voulant faire le bien il ne le peut; car d'où viennent ces paroles: Ie ne fais pas le bien que ie veux: Mais ie fais le mal que ie ne veux pas.* Il est donc euident, que Sainct Augustin aduoüe, qu'il y a quelques pechez de necessité: mais ces pechez de necessité, dont il parle, ne sont point autres que ceux que l'Apostre exprime dans les paroles qu'il cite. Or Sainct Augustin dans ses Retractations dit, que ces paroles de Sainct Paul ne se doiuent entendre que de la concupiscence: & dans le liure 6. contre Iulien, *qu'elles marquent le seul mouuement de la concupiscence, sans aucun consentement au peché.* Il est donc visible que ces pechez de necessité, dont Sainct Augustin parle dans ce chapitre 18. du liure 3. du Libre Arbitre, sont les mouuemens de la concupiscence, ausquels on ne con-

S. August. Retract. l. 1. c. 15. & l. 6. contre Iulien c. 11.

ſent point. Cela eſtant, ie ne m'eſtonne pas que Caluin allegue ce paſſage, pour prouuer qu'il y a de veritables pechez, qui ſe font neceſſairement, puis qu'il ſouſtient que les mouuemens indeliberez de la concupiſcence ſont de veritables pechez. Mais comment s'en peuuent ſeruir les Ianſeniſtes? ces Meſſieurs, dis-ie, qui deſaduoüent cette partie de la doctrine de Caluin, & qui proteſtent ſi ſolemnellement, qu'il n'y a point de veritable peché, ſi l'on ne conſent à la concupiſcence?

Apologie 2. de Ianſen. l. 3. c. 7. Ianſ. l. 2. de la nature corromp. c. 24.

Monſtrons encore plus clairement, que ces pechez de neceſſité, dont Sainct Auguſtin parle en cét endroit, ne ſont pas de veritables pechez: Pour cela, il ne faut que conſiderer ſes paroles, car il ſe ſert d'interprete à luy-meſme. *On les appelle*, dit-il, *pechez, à cauſe qu'ils viennent du peché: comme les paroles ſont appellées Langue, lors que nous diſons la Langue Grecque, la Langue Latine, parce que c'eſt la langue qui les forme.* Remarquez bien cette comparaiſon: Sainct Auguſtin s'en ſert autre part, pour prouuer que la concupiſcence dans ceux qui ſont baptiſez, s'appelle peché: *Quoy que la concupiſcence*, dit-il, *dans les baptiſez ne ſoit point peché, on l'appelle pourtant peché, parce qu'elle vient du peché; comme on appelle les paroles vne Langue, parce que c'eſt la Langue, qui les forme, & l'eſcriture vne main, parce que c'eſt la main, qui l'a fait.* Vous voyez que ſelon la penſée de Sainct Auguſtin, ce qui ſe fait auec neceſſité eſt peché de la meſme maniere, que la concupiſcence dans les baptiſez: Or les Ianſeni-

Liu. 1. des nopces & de la concupiſcence ch. 23.

ſtes meſmes aduoüent que Sainct Auguſtin ne veut pas que la concupiſcence dans les baptiſez ſoit vn veritable peché; & ſe fâchent contre Caluin, qui attribuë à ce grand Oracle de la Grace vne opinion ſi extrauagante. Ils doiuent donc dire auſſi, que ſelon l'opinion de Sainct Auguſtin, ces pechez de neceſſité, dont il parle de la meſme maniere que de la concupiſcence, ne ſont point de veritables pechez. Voila comme ils s'embarraſſent, ſuiuant inconſiderement Caluin, & ſeparant deux de ſes opinions, qui ont vne liaiſon neceſſaire. *Cæcus ſi cæco ducatum præſtet, ambo in foueam cadunt.* Si vn aueugle ſert de guide à vn autre aueugle, ils tombent tous deux dans le precipice.

Dem. Les deux autres paſſages de Sainct Auguſtin, que vous auez touchez, & qui enferment deux deffinitions du peché, qui en apparence vous fauoriſent, ſont bien expliquées maintenant d'vne autre maniere. Car on dit que S. Auguſtin declare luy-meſme ſa penſée, quand il aſſeure qu'elles ne regardent *que le peché, qui eſt ſeulement peché, & non pas celuy, qui eſt auſſi la peine du peché.* Que dites-vous de cette penſée, que les Ianſeniſtes vantent comme vne nouuelle lumiere, que leur Maiſtre a deſcouuerte, & comme vne marque illuſtre de la grande intelligence, qu'il auoit de la doctrine de Sainct Auguſtin.

Reſp. Ils ne peuuent atribuer ſans iniuſtice à leur Docteur, ce qui ne luy appartient point; ny publier pour vne inuention de ſon rare eſprit, ou ou vn fruict de son grand estude, ce qu'il a emprunté de Caluin. Les Theologiens de l'Eglise Romaine ayant opposé à cét Heretique ces deux excellentes deffinitions du peché, voicy comme il tasche de s'en deffaire : *On allegue la deffinition du peché, qui se trouue dans ce liure des deux Ames, où S. Augustin dit : Que c'est vne volonté de retenir, ou d'acquerir ce que la iustice nous defend, & dont il nous est libre de nous abstenir : Mais que S. Augustin nous explique luy-mesme sa pensée. Cette deffinition, dit-il, est veritable, parce que l'on y deffinit ce qui est seulement peché, & non pas ce qui est la peine du peché. Vous voyez que par le tesmoignage de l'Auteur mesme, cette deffinition ne conuient qu'au premier peché d'Adam.* Et vn peu plus bas : *I'aduoüe*, dit-il, *que l'endroit qu'on nous oppose du liure de la vraye Religion, nous est contraire en apparence, mais si nous prenons Sainct Augustin pour interprete de luy-mesme, toute la difficulté s'esuanoüit. Il asseure que le peché n'est point peché, s'il n'est volontaire : Mais voyons comme il l'explique : Dans ces paroles,* dit-il, *on doit entendre le peché, qui est seulement peché, & non pas celuy, qui est aussi la peine du peché.* Tous les Caluinistes fauorisent cette response de leur Maistre, & la vantent comme vn bouclier impenetrable, duquel ils se parent contre toutes les attaques des Catholiques.

Caluin l. 3. du Libre Arbitre.

Chamier, Tome 3. l. 1. c. 17. Pierre Martyr titre du Lib. Arbit.

Mais il y a long-temps que les Docteurs de l'Eglise en ont descouuert la foiblesse. Donnez-vous la peine de lire ce qu'en escrit le Cardinal Bellarmin, & vous aduoüerez, que ce n'est qu'vne fausse lumiere, dont les Caluinistes taschent de nous esbloüir. Mais parmy tant d'excellentes raisons, qu'allegue ce grand homme, remarquez auec luy, que S. Augustin dans cét endroit des Retractations, que Caluin & aprés luy les Iansenistes nous opposent, dit clairement que ces paroles, dont il est question : *Le peché est tellement volontaire, que s'il n'est volontaire, il n'est point peché.* & celles-cy, qui suiuent immediatement : *Le peché n'est que dans la volonté*, ne regardent pas seulement le peché d'Adam. Voicy comme il parle : *Le peché, qui n'est que dans la volonté, est principalement celuy du premier homme.* Il ne dit pas que c'est le seul peché du premier homme, mais que c'est *principalement* le peché du premier homme, pour monstrer qu'il y en a d'autres; Ce qu'il explique plus nettement, quand il adiouste : *Le peché par lequel on consent à la concupiscence, ne se commet aussi que par volonté.* Et dans l'Ouurage imparfait, lors qu'il parle de l'autre deffinition, il dit en termes exprés : *Les hommes font maintenant beaucoup de mauuaises actions, dont il leur est libre de s'abstenir, mais il n'y en a pas vn, auquel cela soit aussi libre, qu'il estoit à Adam.* Et plus bas : *Nous aduoüons qu'il y a maintenant des pechez dans les hommes, qu'ils ne commettent point par necessité : qui sont seulement pechez, & desquels par consequent, il nous est libre de nous abstenir.* Aprés cela, ne faut-il pas estre bien aueugle, ou opiniastre en heretique pour soustenir, que S. Augustin pretend que cette deffinition ne regarde que le peché du premier homme ?

S. Augustin l. 1 de l'Ouurage imparfait pag. 40.

Page 157.

Dem. Les Ianſeniſtes alleguent pluſieurs raiſons, qui paroiſſent toutes demonſtratiues, pour prouuer, que dans le ſentiment de Sainct Auguſtin, nous pechons auec neceſſité : Peut-on rien dire de plus exprés, que ce qu'ils rapportent du liure de la Perfection de la Iuſtice, & qui eſt comme l'abregé de tous les autres paſſages, qu'ils eſtallent à ce ſuiet : *Par le libre Arbitre l'homme eſt tombé dans le peché, mais la corruption, qui eſt la ſuite & la peine de ce crime, a fait vne neceſſité de la liberté.* Et plus bas : *Parce que la volonté a peché, le pecheur a eſté en ſuite engagé dans vne faſcheuſe neceſſité d'auoir le peché, iuſques à ce que ſa foibleſſe ſoit entierement guerie.*

Ianſeniſs l. 3. de la nature corromp. c. 12.

Reſp. Toutes les vanteries des Ianſeniſtes ne ſont que des Echo de celles de Caluin, qui n'a pas moins fait de bruit de ce paſſage. *Sainct Auguſtin,* dit-il, *enſeigne partout, cette neceſſité de pecher. Il la ſouſtient meſme lors que Celeſtius taſche de la rendre odieuſe, par ſes calomnies. car il dit dans le liure de la Perfection de la Iuſtice, que par le libre Arbitre l'homme eſt tombé dans le peché, mais que la corruption qui eſt la ſuite & la peine de ce crime, a changé la liberté en neceſſité.* Ce ſont les armes dont Caluin attaque la doctrine de l'Egliſe : Mais nos Docteurs les luy ont arrachées, & les ont meſmes tournées contre luy. Le Cardinal Bellarmin, Mr Yſambert, Mr Duual, Horantius, & les autres ont tres-ſolidement prouué que S. Auguſtin ne parle point dans ces paſſages de la neceſſité, dont il eſt icy queſtion, mais de quelques autres, qui s'accordent parfaite-

Caluin dãs ſon Inſtit. l. 2. c. 3. n. 5.

Bellarmin l. 5. de la Gr. & du Libre Arbit. c. 30. Mr Yſambert diſp. 7. du lib. Arb. art. 14. Mr Du Val Traité des actions q. 3. a. 1. Horantius l. 1. c. 50. 51. Mr de Gamache ſur la 1. 2. q. 13. c. 5. Tapperus a. 7. dans la reſponſe aux argumens de Caluin.

ment auec le libre Arbitre, & n'en blessent point l'indifference : telle est la necessité de souffrir les saillies de la concupiscence; tels sont les premiers mouuemens, qui preuiennent les ordres de la raison; telle est encore, si vous voulez, la necessité generale d'auoir quelque peché veniel.

Iansenius Tom. 3. l. 6. c. 17.

Dem. On dit que Sainct Bernard est vn des plus illustres protecteurs de cette doctrine de la necessité de pecher. Quoy ? ne l'enseigne-t'il pas ouuertement dans ce fameux passage du sermon 81. sur les Cantiques, que les Iansenistes vantent dans tous leurs liures?

Resp. Ie me lasse quasi de crier aux voleurs. Ce n'est qu'aprés Caluin, qui se sert souuent de ce passage, comme d'vne des plus puissantes machines qu'il ait pour renuerser l'opinion des Catholiques. Dans son liu. 4. contre Pighius, aprés auoir dit: *que ceux qui defendent le libre Arbitre contre la Grace, soustiennent qu'il n'y a point de peché où il y a de la necessité*, il leur oppose l'authorité de Sainct Bernard. Et dans son Institution, *Sainct Bernard*, dit-il, *s'accorde parfaitement auec Sainct Augustin, & parle ainsi: La volonté estant corrompuë par le peché, se fait elle-mesme vne necessité, d'vne maniere qui est aussi admirable, qu'elle est malheureuse: de sorte que la necessité estant volontaire elle ne peut excuser la volonté, & la volonté estant gagnée, ne peut exclure la necessité*, &c.

Caluin l. 4. du Lib. Arbitre, & l. 2. de son Instit. c. 5. n. 5. c. 5. n. 1.

Les Catholiques ont esté obligez pour confondre Caluin, qui fait tant d'estat de ce passage, d'en donner vne parfaite intelligence. C'est ce qu'ont

Bellarmin liu. 5. de la Grace & du Libre Arbitre, c. 6.

fait le Cardinal Bellarmin, les Docteurs Estius, Pennottus, & beaucoup d'autres, dont Mr Ysambert recueille en peu de mots la pensée, quand il dit : *que Sainct Bernard ne prend la necessité que pour vne pente, & vne forte inclination, qui naist de l'habitude du peché, & qui fait que l'homme ne s'en destache qu'auec beaucoup de peine.*

Estius sur le 2. des Sent. d. 24. §. 2. Pennottus l. 1. c. 17. Mr Ysambert disp. 1. du lib. Arb. art. 3.

Dem. Que dites-vous de cét argument des Iansenistes, *Les Diables pechent en ce qu'ils font auec necessité ? Il se peut donc faire qu'vne action necessaire soit vn veritable peché ?*

Resp. Ie dis qu'il n'y a pas vn Caluiniste, qui ne s'en serue pour attaquer la doctrine de l'Eglise. Caluin dans son Institution, & dans le liure quatriesme du Libre Arbitre, dit qu'il est sans response. Chamier, Zanchius, & Witakerus en font encore plus d'estat, & disent qu'il renuerse l'opinion des Catholiques. Mais les plus sçauans defenseurs de la foy ont fait voir, que cette preuue auoit plus d'esclat, que de solidité, & que toute sa force vient de l'insolence, auec laquelle les Caluinistes la proposent. Mr de Gamaches, le Cardinal Bellarmin, les Docteurs Horantius, Pennottus, Tapperus en ont essuyé toute la difficulté. Le precis de leur response est, *que les Diables ne pechent point en ce qu'ils font auec necessité.*

Caluin Instit. l. 2. c. 3. n. 5. Chamier Tom. 3. l. 2. c. 4. Zanchius l. 1. c. 6. Vvitakerus l. 5. p. 135. Mr de Gamaches sur la 1. 2. q. 13. c. 5. Bellarmin l. 5 du Lib. Arb. & de la Grace, c. 14. Horan. l. 1. c. 17. Tapperus art. 7.

CHAPITRE V.

De la mort de IESVS-CHRIST *pour tout le monde, & de la volonté que Dieu a de sauuer tous les hommes.*

ARTICLE I.

Tout ce que les Iansenistes ont escrit sur cette matiere, n'est qu'vn simple abregé des grands Traitez que les Caluinistes en ont imprimez.

Demande. VNE des plus cruelles opinions des Iansenistes, & des plus iniurieuses à la bonté de Dieu, est celle qui soustient, que IESVS-CHRIST n'est point mort pour ceux, qui se damnent, & que Dieu ne veut pas sauuer tous les hommes. Qui sont les veritables Autheurs d'vne doctrine, qui en apparence est si barbare & si inhumaine?

Resp. Le sçauant Paul de Windek, dans le liure, qu'il a imprimé sur cette matiere, il y a cinquante ans, fait d'abord vne semblable question: *Qui sont les Auteurs*, demande-t'il, *qui dans ce dernier siecle ont renouuellé les premiers, cét espouuentable blaspheme, que* IESVS-CHRIST *n'est point mort pour le salut de tous les hommes.* Puis il respond: *Luther & Melancthon ont donné commencement à cette nouuelle opinion, ou plustost à ce blaspheme. Bucer suiuant ces Maistres d'impieté, pretend dans les Commen-*

Paul de Vvindek l. de la mort de I. Christ page 34.

taires, qu'il a faits sur Sainct Iean, page 34 que IESVS-CHRIST *n'est mort que pour les esleus. Caluin a pris auidement cette doctrine de Bucer, car il escrit sur le chapitre 17. de Sainct Jean, que* IESVS-CHRIST *ne s'est mis en peine, que de son troupeau, & qu'il n'a prié que pour ses esleus*, &c.

Voila l'origine & comme la naissance de cette opinion dans ces derniers siecles. Les disciples de Caluin l'ont embrassée comme vne des maximes fondamentales de sa doctrine. Beze pretend que c'est vn article de foy, *que* IESVS-CHRIST *n'a point respandu son sang pour ceux, qui se damnent.* Il l'a soustenu auec vne ardeur incroyable dans le Colloque de Montbeliard, & a composé deux Apologies, pour adoucir l'horreur, que tous les Chrestiens auoient d'vne doctrine si outrageuse à la bonté de Dieu & (ce que ie supplie mon Lecteur de remarquer) Chamier, du Moulin, Zanchius, Amesius, Piscator, Perkinsius, Musculus, Kimedoncius, & plus de cinquante autres Ministres des plus celebres, ont fait des grand Traitez sur la mesme matiere, pour la couurir, adoucir & fortifier du nom glorieux & de l'authorité du grand Sainct Augustin. Ce qui a fait dire au docte Reginaldus, dans l'excellent Ouurage, qu'il a composé contre Caluin, que durant plusieurs années, les disciples de cét Apostat faisoient paroistre quasi tous les iours quelque nouueau liure, pour defendre cette doctrine. Et Mr Malderus Euesque d'Anuers, aprés auoir rapporté quelques

Actes du Colloque de Montbeliard p. 546. 547. 548.

Dans les deux Apologies pour ce Colloque.

Reginaldus l. 3. du Caluin-Turcisme c. 22.

passages de Beze & des autres Caluinistes, pour monstrer qu'ils soustiennent que IESVS-CHRIST n'est point mort pour tous les hommes, conclut par ces paroles : *Il n'est pas besoin d'en citer dauantage, car tout le monde sçait, que ç'a tousiours esté, & que c'est encore auiourd'huy l'opinion de tous les Caluinistes.*

Mais pour comble d'infamie, Messieurs nos Iansenistes ne se sont pas contentez de puiser dans vne source si bourbeuse, vne opinion si descriée, & mal receuë de ceux mesme, qui semblent auoir quelque complaisance pour eux, & quelques-vnes de leurs opinions, ils ont encore recueilly tout ce que ces ennemis de l'Eglise auoient ramassé de l'Escriture & des Peres, pour luy seruir de preuue, d'esclaircissement, ou de defense. Ie vous aduoüe n'auoir iamais esté si surpris, que quand i'ay confronté ce qu'ils ont escrit, auec les liures des Heretiques. Car ie remarquois par tout les mesmes raisons, les mesmes passages, les mesmes responses, les mesmes desguisemens, les mesmes calomnies : Ie rencontrois des pages toutes entieres, qu'ils n'ont fait que copier & traduire d'vn Caluiniste Hybernois ; i'en trouuois d'autres où on ne s'escarte de sa pensée, que pour noircir & deschirer auec des termes plus outrageux, les Peres du Concile d'Arles. En vn mot, ie voyois par tout vne si parfaite conformité, qu'il est aisé de maintenir, que les liures de deux Iansenistes n'ont pas tant de rapport entre eux, sur cette matiere, qu'ils en ont auec ceux des

des Heretiques. Vous verrez tantoſt des preuues de ce que ie dis, mais ſi vous en voulez de plus conuainquantes, priez quelque Ianſeniſte de choiſir dans les Ouurages de ceux de ſon party, tout ce qui eſt de plus exprés, de plus preſſant, & de plus excellent ſur ce ſuiet, & i'engage ma parole, de vous faire voir la meſme choſe, dans les liures des Caluiniſtes, dont les Ianſeniſtes ne ſont que des copiſtes. C'eſt icy que ces zelez panegyriſtes de Ianſenius ſe doiuent declarer; il faut terminer ce poinct, qui n'eſt que de faict, deuant que de venir à celuy de droict. Ce different ſe peut vuider à l'ouuerture des liures. Ils ſont obligez d'accepter ce defy, s'ils ne veulent faire naufrage de leur reputation, & changer la qualité de partiſans de Ianſenius, en celle de partiſans de Caluin.

ARTICLE II.

Les Caluiniſtes aduoüent que cette opinion de la mort de IESVS-CHRIST *pour les ſeuls predeſtinez, leur eſt particuliere, & qu'elle combat les ſentimens de l'Egliſe Romaine.*

Demande. CE que vous venez de dire prouue clairement que les Ianſeniſtes ont deſrobé dans les liures des Heretiques tout ce qu'ils publient, comme vn fruict de cette grande lecture, qu'ils ſe vantent d'auoir fait dans les Peres. Faites-nous voir maintenant, que cette doctrine, de laquelle ils ſont redeuables aux Caluiniſtes, eſt ſuſpecte d'hereſie : comment le verifiez-vous ?

Beze dans ſes Theſes Theol. pag. 129. Sadeel ſur l'art. 7. p. 425. Grynæus dans le Treſor de la foy Claſſ. 1. tit. 7. Theſe 13.

Reſp. Les Caluiniſtes meſmes aſſeurent que c'eſt vne des opinions, qui leur ſont particulieres, & que les *Papiſtes* la condamnent d'erreur, d'impieté, & de blaſpheme. C'eſt ce qui les a obligez de la ſouſtenir auec autant de chaleur, & à faire d'auſſi grands efforts pour la defendre, que les Catholiques en ont pour la combatre. Ils ont imprimé plus de ſoixante liures, pour l'eſtablir, & aprés qu'elle a paſſé long temps parmy eux, pour vne des indubitables maximes de leur doctrine, ils en ont fait vn article de leur foy, dans le fameux Synode de Dordrecht, & dans ceux d'Alets, & de Charanton, pour l'oppoſer à cette deciſion du Concile de Trente : *Quoy que* IESVS-CHRIST *ſoit mort pour tous les hommes, tous les hommes pourtant ne reçoiuent pas le bien-fait de ſa mort.*

Synode de Dordrecht ch. 2 art. 6. Synode d'Alets de l'an 1620. Synode de Charenton de l'an 1623.

ARTICLE III.

Les Docteurs Catholiques condamnent cette opinion de Caluin touchant la mort de IESVS-CHRIST *pour les ſeuls predeſtinez, d'erreur, d'hereſie, d'impieté, & de blaſpheme.*

Demande. COMMENT fut receuë des Catholiques vne doctrine ſi ſcandaleuſe, auſſi-toſt qu'elle ſortit de la bouche & de la plume de l'infame Caluin ? En teſmoignerent-ils autant d'horreur qu'on en a maintenant ?

Resp. Il n'y a point de termes odieux, qu'ils n'ayent employé, pour la descrier. Ils ont estimé que ce n'estoit pas assez de la refuter comme vne erreur, ils l'ont combatuë comme vn blaspheme, & vne impieté: & pour venger l'outrage qu'elle fait à la bonté de Dieu, ils l'ont foudroiée de mille anathemes. Ie prie les Iansenistes d'escouter sans se mettre en colere, vne partie de ces beaux eloges, que tant de braues defenseurs de la Foy, ont donné à leur doctrine, lors qu'elle ne passoit encore que pour celle de Caluin, & de ceux qui portent son nom.

Monsieur de Saintes Euesque d'Eureux, qui a combatu auec tant de gloire, les dernieres Heresies, range cette opinion de la mort de IESVS-CHRIST pour les seuls predestinez, parmy *les Atheismes de Caluin.* Il veut mesme qu'elle soit vn blaspheme horrible. *Beze, dit-il, est admirablement fecond en blasphemes, il dit que* IESVS-CHRIST *n'est pas mort pour tous les hommes, mais seulement pour tous les esleus.*

Mr de Saintes dans les Atheismes de Caluin page 321.

Le Docteur Feu-ardent, qui ne s'est pas moins signalé dans ces glorieux combats contre les Heretiques, traite encore auec plus de rigueur cette opinion de Caluin, dans le chapitre qu'il intitule: *Que* IESVS-CHRIST *est mort generalement pour tous les hommes, contre la vingt-quatriesme erreur des Caluinistes.* Voicy ses paroles: *Il faut mettre parmy vos autres erreurs, ce qui est escrit dans le Bouclier de la foy de Geneue, que* IESVS-CHRIST *n'est point*

Feu ardent l. 5. de la Theomac. c. 15.

mort pour tout le monde. Il prouue en ſuite, que cette opinion *eſt contraire aux Sainctes Eſcritures.* Puis il adiouſte *que c'eſt vn blaſpheme, qui a rendu les Caluiniſtes odieux aux hommes, aux Anges, & à Dieu:* Et pour en donner vne preuue plus ſenſible, & faire voir que ceux meſme qui ont ſouſcrit à cette doctrine, l'ont fait auec horreur. Il rapporte, *que Beze preſchant deuant le Prince Frideric, & vne grande aſſemblée de François, & d'Allemans, voulut monſtrer que* IESVS-CHRIST *n'eſtoit pas mort pour tous les hommes: Mais que ce Prince ne pouuant ſouffrir des choſes ſi horribles & ſi impies, le fit ceſſer.*

Le ſçauant Paul de Windek, qui a fait vn liure exprés pour combatre cette doctrine de Caluin, la rend encore plus odieuſe. Car il donne pour titre à cét Ouurage : *Controuerſes de la mort de* IESVS-CHRIST *agitées en ce temps entre les Catholiques & les Caluiniſtes. Dans leſquelles, l'erreur des Caluiniſtes eſt deſtruite, & la verité Catholique confirmée, contre laquelle les Profeſſeurs Caluiniſtes de Geneue, de Baſle, de Heidelberg, de Zuric, de Berne,* &c. *blaſphement horriblement, diſant que* IESVS-CHRIST *n'eſt point mort pour tout le monde.* Et aprés qu'il a monſtré que cette opinion de Caluin eſt contraire à l'Eſcriture Saincte, aux Conciles, à la doctrine des Peres, & qu'elle choque les plus religieux ſentimens de la pieté Chreſtienne, il aſſeure qu'elle eſt pleine de blaſphemes, & qu'elle conduit les hommes au deſeſpoir. Et pour le Page 268. monſtrer, il dit *qu'vn Miniſtre de Berne preſchant le iour des Rameaux, voulut prouuer cette horrible opinion, que* IESVS-CHRIST *n'est pas mort pour tout le monde: mais qu'il laissa tant de doutes & de scrupules dans les esprits, touchant la grace & la redemption de* IESVS CHRIST, *que plusieurs tomberent quasi dans le desespoir, & ne voulurent point approcher de la Cene de Zuingle, le iour de Pasques, de peur de se soüiller par ce mystere, qui les obligeoit de viure dans l'incertitude & dans le doute, si* IESVS-CHRIST *estoit mort pour eux.*

Monsieur Malderus Euesque d'Anuers, qui n'est pas moins recommandable pour son eminente pieté, que pour sa rare doctrine, passe encore plus auant: Car aprés auoir asseuré que *cette opinion des Caluinistes, qui nie que* IESVS-CHRIST *soit mort pour tous les hommes en particulier, est insupportable*, que c'est *vn dogme abominable, & l'erreur d'vn Antechrist.* Il dit autre part: *Beze auec les siens defend ce mesme blaspheme, & asseure que* IESVS-CHRIST *n'est mort que pour les esleus: Il est à craindre* (remarquez ces paroles) *qu'enfin ils ne disent auec les Turcs, que* IESVS-CHRIST *n'est mort pour personne.* Ce n'est point la chaleur de la dispute & l'excés d'vn zele inconsideré, qui a porté ce grand Euesque à parler de la sorte, c'est la iuste apprehension d'vn malheur, qui n'est que trop souuent arriué: Car le docte Paul de Windek asseure que beaucoup de Caluinistes en suite de cette doctrine, se sont abandonnez à vn funeste desespoir de leur salut, & qu'aprés auoir quitté le Christianis-

Malderus sur la 1.2. q. 3. d. 5. n. 1. & dans ses Antisyn. c. 7. n. 3.

me, ils ont embraſſé la deteſtable ſecte de Mahomet. Et le ſçauant Reginaldus dans l'excellent liure qu'il a fait contre Caluin : *Remarquez*, dit-il, *l'ordre & le progrés du nouuel Euangile de Caluin, qui va enfin aboutir au Mahumetiſme, & à l'Atheiſme. Ils mettent premierement cette queſtion en auant : Sçauoir ſi* Iesvs-Christ *eſt Redempteur vniuerſel de tout le monde, ou bien ſeulement de peu de perſonnes : & ils concluent enfin, & ſouſtiennent tous les iours par des noueaux liures, qu'il l'eſt ſeulement d'vn petit nombre*, &c. Le meſme Auteur dit, que c'eſt à cauſe de cette opinion, ſi iniurieuſe à Iesvs-Christ *que Caluin eſt mort comme vn enragé & vn deſeſperé, & qu'il a vomy ſon ame malheureuſe, inuoquant les Diables, iurant, deteſtant, & blaſphemant horriblement.*

Reginald. l. 3. du Calu.

Iamais les Catholiques ſe ſont-ils ſeruis de termes plus ſanglans & plus odieux, pour nous donner de l'horreur d'vne mauuaiſe doctrine ? Le nom le plus doux dont ils la qualifient, eſt celuy d'*erreur* & d'*hereſie*, & quand ils ont dit qu'elle eſt pleine d'impieté, de deſeſpoir, & de blaſpheme, ils ont penſé en auoir parlé auec trop de retenuë ? Aprés cela il n'eſt pas neceſſaire de rapporter les paroles de ceux qui l'appellent ſimplement *heretique*, & qui la combatent comme vn erreur de Caluin.

Coccius l. 1. art. 7. Grauina Preſcrip. p. 671. Smitheus Coll. c. 2. a 9. Kelliſſon. ſur la 3. p q. 1. a 2 d. 1.

ARTICLE IV.

Les raisons que les Docteurs Catholiques alleguent pour monstrer que cette opinion de Caluin touchant la mort de IESVS-CHRIST *pour les seuls predestinez, est heretique.*

Demande. DE quelles preuues ces sçauans hommes & protecteurs de la Foy, ont-ils appuyé la censure qu'ils font de cette doctrine? Il est croyable qu'ils n'en eussent iamais parlé auec tant de chaleur & des expressions si odieuses, s'ils n'eussent eu de puissantes raisons pour la conuaincre & condamner d'erreur?

Resp. Ils pretendent qu'elle est manifestement contraire à l'Escriture. Mr de Saintes Euesque d'Eureux, Mr Malderus Euesque d'Anuers, les Docteurs Feu-ardent & de Windek, & beaucoup d'autres qui ont soustenu la cause de l'Eglise contre les derniers Heretiques, le iustifient par vn grand nombre de tesmoignages formels, que le Docteur Smitheus a recueilly dans ce raisonnement : *Selon l'Escriture Saincte, Dieu veut que tous les hommes soient sauuez;* IESVS-CHRIST *est Sauueur du monde; Redempteur de tous les hommes; La propitiation pour les pechez de tout le monde; Il s'est donné pour la redemption de tous; Il est mort pour tous ceux, qui estoient morts. Et selon les Protestans il n'est pas mort pour tous les hommes, mais seulement pour les predestinez,*&c. Il fonde vn semblable raisonnement sur quel-

Smitheus Coll. de la doctrine des Protest. ch. 1. art. 19. c. 2. art. 19.

ques autres passages, qui ne sont pas moins formels : *L'Escriture Saincte*, dit-il, *enseigne clairement que* IESVS-CHRIST *est mort pour les impies ; Pour ceux qui se perdent & qui perissent ; Qu'il a racheté des Maistres trompeurs, qui attirent sur eux la colere de Dieu, & dont la perte est comme infaillible ; Et les Protestans soustiennent que* IESVS-CHRIST *n'est pas mort pour ceux qui se damnent, qu'il n'est pas le Mediateur des reprouuez*, &c.

Art. 18.

Dem. Mais ces illustres ennemis de Caluin ont-ils defendu tous ces passages, contre les interpretations, que les Iansenistes leur donnent auiourd'huy, & qui ruinent les conclusions, qu'on en peut tirer contre la doctrine de cét Heretique ?

Resp. Ils l'ont fait, & d'vne maniere si solide, qu'ils sont demeurez victorieux des Caluinistes, qui se vantoient de les auoir desarmez par les mesmes explications de ces passages. Le premier dont les Catholiques les auoient combatus, est celuy de S. Paul en la 1. à Timothée, chap. 2. auquel Caluin respond : *Pour ce que vous auez coustume de citer de Sainct Paul, Que Dieu veut que tous les hommes se sauuent ; ie pense auoir monstré tres-clairement que ces paroles ne fauorisent point vostre erreur ; car c'est vne chose tres-asseurée que Sainct Paul ne parle point de tous hommes en particulier, mais seulement de toutes les ordres, & de toutes les conditions des hommes.* Et plus bas, *Ce passage fut obiecté à Sainct Augustin par les Pelagiens, & on sçait bien ce qu'il y respond.* Et dans ses commentaires sur Sainct Paul, *C'est vn raison-*

Caluin l. de la Predest. page 737.

Pages 706, 707.

raiſonnement d'enfant d'inferer de ces paroles, que Dieu veut que tous les hommes ſe ſauuent.

Beze eſt encore plus eloquent ſur cette matiere, comme on le peut cognoiſtre de ce qu'en eſcrit le ſçauant Paul de Windek, dans le liure qu'il intitule *De la Mort de* IESVS-CHRIST, *pour tous les hommes, contre les blaſphemes des Caluiniſtes.* Car il dit dans la page 169. *Beze employe toute ſa Rhetorique, pour nous arracher ces armes des mains* (il parle de ce paſſage de Sainct Paul) *& c'eſt merueille de voir auec combien de detours ce ſerpent taſche d'eſchaper ſon cordeau, ie veux dire la verité qui le preſſe. Il pretend que Sainct Paul ne parle point de chaque particulier: ce qu'il prouue premierement par l'authorité de Sainct Auguſtin, dont il rapporte les paroles tirées de l'Enchiridion, qui ſont ſi communes, que perſonne ne les ignore. I'en adiouſte encore d'autres en faueur des Caluiniſtes, comme ce qu'il dit au 4. liure contre Iulien, chap. 8. au liure de la Correction & de la Grace, chap. 14. au liure de la Predeſtination des Saincts, chap. 8. où il donne cette interpretation au paſſage de Sainct Paul: Dieu veut ſauuer tous les hommes: c'eſt à dire tous ceux qui ſe ſauuent effectiuement.*

Ne ſont ce pas là toutes les reſponſes des Ianſeniſtes ? Qu'ils conſiderent de quelle maniere cét illuſtre ennemy de Caluin demonſtre, qu'elles n'affoibliſſent point cette preuue inuincible, que les Catholiques tirent de Sainct Paul. Car il prouue que S. Auguſtin, S. Fulgence, S. Thomas, & quelques autres expliquent ce paſſage d'vne ſeconde volonté, qui a touſiours ſon effect, lors qu'ils luy donnent ces interpretations dont les Caluiniſtes ſe defendent; mais qu'il eſt aſſeuré que ſelon le ſentiment des meſmes Peres, & ſelon les principes de noſtre Foy, le meſme paſſage doit eſtre auſſi expliqué d'vne volonté premiere & antecedente, qui s'eſtend meſme ſur ceux qui ſe perdent. C'eſt ce que prouue encore tres-ſolidement le Docteur Horantius dans ſon troiſieſme liure contre Caluin; Le ſçauant Gropperus dans l'Enchiridion qu'il compoſa par l'ordre du Concile de Cologne, contre nos Hereſies naiſſantes; Et le Cardinal Bellarmin dans le troiſieſme Tome de ſes Controuerſes.

Horantius l. 3. c. 6. Gropper. Enchir. du ſacrement de Penit. Bellarmin l. 2. de la Grace & du Libre Arbitre c. 5.

Les Catholiques ont encore employé contre les Sectateurs de Caluin, ces paroles de Sainct Paul: IESVS CHRIST *s'eſt donné pour la redemption de tous les hommes*. Beze a reſpondu & a taſché de le prouuer par les meſmes raiſons que les Ianſeniſtes, que ce mot de *tous*, marque ſeulement les differentes conditions des hommes. Et quand on les a preſſez ſur ce paſſage de Sainct Iean: *Il eſt la propitiation pour les pechez de tout le monde*. Beze, Grineus, Zanchius, Kimidontius, & tous les autres ont ſouſtenu, que le mot de *monde*, *ſignifie ſeulement l'aſſemblée des predeſtinez, qui ſont comme la fleur & l'eſlite du monde*, & pour appuyer leur reſponſe, ils ont allegué les meſmes authoritez de S. Auguſtin, dont les Ianſeniſtes font leur bouclier. *Les Caluiniſtes*, dit le docte Paul de Windek, *ſe ſeruent tous de la meſ-*

Beze dans le Colloque de Montbell p. 313.

Beze au meſme endroit. Grineus 3. p. de ſes Prob. p. 35. Kimidont. de la Pred. page 91. Zanchius Miſcell page 200.

P. 94. & 105

me response, & soustiennent que ce mot de monde *n'enferme pas tous les hommes, mais seulement tous les predestinez: Et pour authoriser cette interpretation, ils disent qu'elle est de Sainct Augustin*, &c. Puis cét ardent defenseur de la Foy monstre clairement, que S. Augustin ne pretend autre chose par ces explications, que de faire voir, comme IESVS-CHRIST est mort mesme efficacement, pour tout le monde: ce qui n'empesche pas que les mesmes passages ne prouuent tres-bien *qu'il est mort suffisamment* pour tous les hommes. *Et les paroles de Sainct Iean le monstrent si clairement*, dit le Docteur Feu-ardent, *que Caluin vaincu & accablé de la force de cette preuue, a esté obligé d'aduoüer en quelque endroit, que cette grande maxime de l'eschole est veritable:* IESVS-CHRIST *est mort suffisamment pour tout le monde, & efficacement pour les seuls predestinez.*

Mr de Saintes Atheismes de Caluin p. 311. 312.
Malderus Antisyn. c. 7
Bellarmin l. 2. de la Grace & du Libre Arbitre c. 5.

Dem. N'y a-t'il point quelque decision des Conciles, qui descouure la veritable intelligence de ces passages contestez, & qui declare nettement que IESVS-CHRIST est mort pour tous les hommes?

Resp. Le Concile de Trente le declare formellement, comme les Catholiques le remarquent, escriuant contre Caluin. Voicy les paroles du Docteur Smitheus: *Les Catholiques asseurent que* IESVS-CHRIST *est mort pour tous les hommes; Car le Concile de Trente dans le chapitre* 3. *de la* 6. *Seance dit: Quoy que* IESVS-CHRIST *soit mort pour tous les hommes, tous les hommes pourtant ne reçoiuent pas le bien-fait de*

Smitheus Coll. de la doctrine des Protest. c. 2. a. 19.

sa mort. Les Protestans soustiennent le contraire: Caluin dans les Commentaires sur la 1. de Sainct Iean dit, que le mot de tous *n'enferme point les reprouuez*, &c. Les Caluinistes mesmes ont aduoüé que ces paroles condamnent leur opinion, mais ils ont eu l'insolence de reietter l'authorité de ce diuin Concile, & de protester: *Qu'on ne leur pouuoit monstrer par la decision d'vn veritable Concile, que* IESVS-CHRIST *se soit fait homme pour le salut de tous les hommes.*

Beze dans Colloque de Montb. page 126.

Le Docteur Paul de Windek nomme cette solemnelle protestation de Beze *vn grand mensonge*, & pour le conuaincre, il luy oppose le Concile d'Arles, qui approuuant les lettres de Fauste & de Lucide, condamne les erreurs des Heretiques Predestinatiens, & lance des anathemes contre ceux qui nient *que* IESVS-CHRIST *soit mort pour tous les hommes.* Mais auant que de citer ces deux lettres, il fait cette remarque: *Elles se trouuent dans la Bibliotheque des Peres, imprimée à Paris, au 5. Tome page 802. cependant de peur que les Caluinistes, qui ne cherchent que des euasions & des deffaites, ne se plaignent qu'on leur obiecte plustost des songes & des réueries de Moines, que les monumens de l'antiquité, ie les ay voulu copier de cét Ouurage, imprimé à Basle l'an 1569. que Iacques Grineus le plus celebre Professeur du Caluinisme, dans l'Allemagne, a intitulé L'orthodoxographie.*

De Vvindek p. 262.

Ians. Tom. 1. l. 6 c. 23. Apologie 1. de Iansen. page 191. Apologie 2. pag. 3. c. 14. 15. 16.

Dem. Ne sçauez-vous pas que les Iansenistes soustiennent que cette pretenduë Heresie des Predestinatiens, n'est qu'vne calomnie, dont les ennemis de la Grace ont tasché de noircir la doctrine celeste de Sainct Augustin : Et que ce Concile d'Arles n'est qu'vne assemblée de Semipelagiens, qui sous le nom d'vne Heresie imaginaire, a condamné des veritez Catholiques?

Resp. Oüy, ie le sçay ; & ie me suis cent fois estonné de la hardiesse, auec laquelle ils ont desrobé tout ce qu'ils en disent dans les liures d'vn Caluiniste Hybernois. Les Docteurs Catholiques auoient reproché aux Sectateurs des nouuelles Heresies, qu'ils n'ont fait que deterrer les anciennes, & qu'ils ont resuscité l'erreur des Predestinatiens. C'est la iuste plainte que Thomas Waldensis a fait de Wiclef, & que Mr de Saintes Euesque d'Eureux, Prateolus, Medices, à Castro, & beaucoup d'autres, font des Caluinistes : ce qui les a tellement picquez, qu'ils se sont resolus de dementir toute l'antiquité, & de soustenir que cette Heresie, dont parle Prosper, Rabbanus, Hincmare, Flodoard, Sigebert, Trithemius, Baronius, Genebrard, & tant d'autres Historiens, n'est qu'vn outrage & vne imposture, dont les Semi-Pelagiens se sont seruis, pour descrier les plus fidelles disciples de Sainct Augustin. Iacques Vsser, chef des Caluinistes dans l'Hybernie, a fait vn liure sur cette matiere, imprimé à Dublin l'an 1631. dans lequel il fait des efforts incroyables, pour prouuer cette opinion ; & reproche insolemment aux Catholiques, *qu'ils ont ozé escrire par vne estrange calomnie, que les Caluinistes auoient retiré de l'infame tombeau des anciennes Heresies l'erreur des Predestinatiens.*

Ianſenius Tom. 1. l. 8. c. 23.

C'eſt du liure de cét Heretique, que Ianſenius a tiré tout ce qu'il eſcrit ſur cette matiere. Il n'a pas apprehendé, ayant vn Caluiniſte pour garand, de s'oppoſer au ſentiment de tous les Catholiques : il a ſouſtenu parmy nous ce qui n'a iamais eſté ouy, que parmy les ennemis de l'Egliſe : il a taſché de prouuer que ceux qu'on appelle Predeſtinatiens, ſont les veritables diſciples de S. Auguſtin, comme s'il auoit reſolu de iuſtifier les Caluiniſtes, de ce reproche qu'on leur fait, & de le changer en vn titre d'honneur. Mais combattant pour ces Heretiques, il ne s'eſt ſeruy que de leurs armes : il fait vn ſimple abregé du liure de ce fameux Caluiniſte, & par vn artifice bien honteux, il retranche meſme beaucoup de choſes qui ne luy ſont pas fauorables, & que cét Heretique n'auoit point voulu deſguiſer.

Mais ce qui m'a d'abord le plus eſtonné, eſt, qu'ayant entrepris de traiter à fonds cette queſtion des Predeſtinatiens, il ne dit pas vn ſeul mot du Concile d'Arles, qui les a condamnez, en approuuant les lettres de Fauſte & de Lucide, comme le teſmoignent tant d'Auteurs, & le Cardinal Baronius, dans l'endroit meſme, qu'il en cite. Pourquoy ne parle-t'il point d'vne choſe ſi importante, & ſi publique, & que ſes diſciples ont depuis conteſtée, auec tant de chaleur ? La veritable raiſon eſt, que les Caluiniſtes, dont il n'a fait qu'vn abregé, n'auoient point encore publié d'ouurage, pour deſcrier ce Concile. Mais depuis ſa mort, le mesme Heretique Iacques Vsser a imprimé vn nouueau liure, dans lequel il soustient que ces lettres de Fauste & de Lucide sont Semi-Pelagienes, & qu'elles n'ont esté approuuées de l'authorité d'aucun Concile. Si tost que ce liure parut, les Iansenistes, qui pensent auoir droit sur tous les Ouurages des Heretiques, ne manquerent pas de le piller, & de parer leurs Apologies des despoüilles infames de ce Caluiniste, qu'ils n'ont fait que traduire, & dont ils suiuent si exactement les pensées, qu'ils ne s'en escartent que pour dire nettement, ce qu'il n'auoit ozé auancer, *que ce Concile d'Arles est vne assemblée de Semi-Pelagiens.*

Il est donc visible, & les Iansenistes mesmes ne sçauroient le desauoüer, que tout ce qu'ils disent pour iustifier les Predestinatiens, & pour descrier ce Concile, est pris de nos Heretiques. Il faudroit maintenant monstrer, comme nous auons fait dans toutes les autres parties de cette dispute, que ceux qui ont soustenu la cause de l'Eglise, ont ruiné ces obiections. Mais il y a si peu de temps que les Ouurages de ce Caluiniste Hybernois ont veu le iour, que ie n'ay point encore rencontré de Catholiques, qui ait entrepris de le refuter. Ce m'est donc assez de leur opposer l'authorité de tant de celebres defenseurs de la Foy, qui reprochent à Caluin, qu'il a renouuellé l'Heresie des Predestinez, & qui asseurent auec le Cardinal Baronius: *que la lettre de Fauste à Lucide fut approuuée par les Euesques du Concile d'Arles, & authorisée par leur* Baronius l'an 490.

ſouſcription, comme eſtant veritablement Catholique : Et auec le docte Braſichellani, Maiſtre du ſacré Palais : *que la lettre de Fauſte au Preſtre Lucide, approuuée par la ſoubſcription de tant d'Eueſques, dans le Concile d'Arles, comme auſſi la lettre du Preſtre Lucide aux Eueſques aſſemblez dans le Synode de Lyon, qui ſont toutes deux à la teſte de l'Ouurage de Fauſte, ſont ſaines & Catholiques, & confirmées par l'authorité de deux Synodes.*

Braſichellani dans le Catalogue des liures qui doiuent eſtre corrigez. Binius dans ſes remarques ſur ce Concile. De Vvindek p. 161. Coccius l. 2. art. 7.

Dem. Les Autheurs Catholiques ont-ils encore quelque autre preuue, pour conuaincre d'erreur cette opinion de Caluin, touchant la mort de IESVS-CHRIST pour les ſeuls predeſtinez ?

Reſp. Ils la combattent par vne foule de teſmoignages irreprochables, ou pluſtoſt par le conſentement vnanime de tous les Peres, dont le ſçauant Coccius a recueilly beaucoup d'excellens paſſages dans ſon *Threſor*, pour prouuer contre les Caluiniſtes, *que* IESVS-CHRIST *eſt mort pour tous les hommes.* Ce que Paul de Windek a fait encore plus exactement ; car il monſtre que les Saincts Peres dans tous les ſiecles ont enſeigné cette doctrine, comme vne verité orthodoxe, & par cette chaiſne de la Tradition il deſtruit les impoſtures des Heretiques, & confond l'inſolence de Beze, qui proteſte par vne oſtentation affectée d'vne vaine confiance, *qu'il n'eſt pas ſeulement preſt de ſe deſdire publiquement, mais encore de ſouffrir toutes les peines, qu'on voudra, ſi l'on peut luy monſtrer* dans

Coccius l. 2. art. 7.

De Vvindek dans le liure de la mort de Ieſus-Chriſt.

Beze dans le Colloque de Montbeliard page 216. 217.

dans quelque ancien Autheur, que IESVS CHRIST *est mort pour les reprouuez.*

ARTICLE V.

Les Theologiens de l'Eglise Romaine combatant les Caluinistes, ont prouué solidement que cette opinion de la mort de IESVS-CHRIST *pour les seuls predestinez, n'est point de Sainct Augustin, & ont respondu aux plus fortes raisons, dont les Iansenistes se seruent pour l'establir.*

Demande. IE sçay bien que la plusspart des Peres Grecs, & quelques Latins n'ont pas agreé cette doctrine : Mais osez-vous nier que Sainct Augustin & ses disciples ne l'ayent pas soustenuë?

Resp. Les Docteurs Catholiques escriuant contre Caluin, ne l'ont pas seulement niée; mais ils ont solidement prouué que cét incomparable Pere ne fauorise cette opinion, qu'en apparence. C'est ce que le docte Paul de Windek fait voir tres-clairement, dans son liure de la mort de IESVS-CHRIST, page 238. *Sainct Augustin*, dit-il, *est tout à fait de nostre costé, quoy que les Caluinistes fassent de tres-grands efforts pour le tirer à leur party*, &c.

Et si vous en voulez vne preuue conuainquante, & qui desarme les Iansenistes, prenez seulement la peine de considerer les passages de S. Augustin, qu'ils croyent leur estre plus fauorables,

S. Augustin Enchir. c. 9. comme eſt celuy de l'Enchiridion, où il dit : *Si Dieu veut ſauuer tous les hommes, dont la pluſpart ſe damnent, où eſt cette toute-puiſſance, par laquelle il a fait tout ce qu'il a voulu dans le ciel & dans la terre?* Chap. 103. Et plus bas : *Il faut tellement expliquer ces paroles; Dieu veut ſauuer tous les hommes, qu'on n'oſte rien à la toute-puiſſante volonté de Dieu.* Ce que Sainct S. Fulgence de l'Incarnation, &c. c. 29. Fulgence exprime en ces termes : *La volonté toute-puiſſante de Dieu pour le ſalut de quelqu'vn ne peut manquer d'eſtre accomplie, & ne peut eſtre arreſtée par quelque obſtacle que ce ſoit. Car tous ceux que Dieu veut ſauuer, ſont indubitablement ſauuez.*

Voila les armes les plus fortes, dont les Ianſeniſtes nous attaquent, & cependant il eſt tres-aiſé de les rendre inutiles, ou de les tourner contre eux-meſmes. Car il eſt viſible, que ce raiſonnement de Sainct Auguſtin regarde auſſi bien les Anges, que les hommes, non ſeulement parce qu'il le fonde ſur la toute-puiſſance de la volonté diuine, qui doit eſtre touſiours victorieuſe de celle des creatures; mais auſſi parce qu'en cét endroit, que les Ianſeniſtes alleguent, il parle expreſſément des Anges, auſſi bien que des hommes. Car immediatement deuant ces paroles : *C'eſt pour cela que quand nous liſons dans l'Eſcriture Saincte : Dieu veut ſauuer tous les hommes, & il ne faut rien oſter à la toute-puiſſante volonté de Dieu,* il auoit dit : *Quelques fortes que ſoient les volontez des Anges & des hommes, la volonté de Dieu tout puiſſant demeure touſiours inuincible.* Cela eſtant, il ne faut qu'appliquer le raisonnement de Sainct Augustin aux Anges, pour obliger les Ianseniſtes de nous en donner la veritable intelligence : *Si Dieu vouloit ſauuer tous les Anges, & ceux-là meſme qui ſe ſont damnez, où eſt cette toute-puiſſance, par laquelle il a fait tout ce qu'il a voulu dans le ciel & dans la terre? Tous ceux que Dieu veut ſauuer ſont indubitablement ſauuez.* Les Ianſeniſtes, qui ſouſtiennent comme vn article de foy, que Dieu vouloit ſauuer tous les Anges, lors qu'ils eſtoient voyageurs, ſont contraints d'aduoüer, que ces paroles de S. Auguſtin prouuent ſeulement que Dieu ne vouloit point le bon-heur eternel de tous les Anges d'vne volonté *toute-puiſſante*, & qui a touſiours ſon effet, mais qu'elles ne combatent point le deſir, & l'intention ſincere, qu'il auoit de leur donner à tous la gloire, s'ils la meritoient par vne fidelle correſpondance à ſes graces. Nous diſons le meſme de la volonté, qu'il a de ſauuer tous les hommes, qui ſe damnent.

L'intelligence de ces paſſages de Sainct Auguſtin donne vn grand iour à ceux de Sainct Fulgence, de Sainct Thomas, & de quelques autres, que les Ianſeniſtes croyent leur eſtre fauorables. *Cette explication des paroles de Sainct Auguſtin*, dit Paul de Windek, *doit eſtre auſſi appliquée à celles de Sainct Fulgence & de Sainct Thomas, que Beze par vne eſtrange impudence a bien ozé nous obiecter.* Il dit que c'eſt vne ſignalée impudence à Beze, d'auoir nommé Sainct Thomas parmy les protecteurs

De Vvindek page 169. 170.

de sa doctrine, parce qu'il est plus clair que le iour, qu'il la condamne en cent endroits. Comme lors qu'il dit, *Que Dieu est prest de donner sa grace à tous les hommes, parce qu'il veut, comme l'asseure Sainct Paul, que tous les hommes soient sauuez.* Et en vn autre lieu, IESVS-CHRIST *ne seroit pas Mediateur de tous les hommes, s'il ne vouloit qu'ils fussent tous sauuez.*

S. Thomas l. 3. contre les Gentils ch. 159.

Sur la 1. à Tim. c. 2. lec. 1.

Dem. La doctrine des Iansenistes semble estre appuyée sur des authoritez formelles de l'Escriture saincte. Car nous lisons dans Sainct Matthieu chap. 1. *que* IESVS-CHRIST *doit sauuer son peuple.* Et dans l'Epistre aux Ephesiens, chapitre 5. *qu'il s'est donné pour l'Eglise.* Or il est asseuré que les Infidelles ne sont point de l'Eglise & du peuple de IESVS-CHRIST: Il n'est donc pas mort pour eux. Que dites-vous de cette raison, que les Iansenistes croyent estre conuainquante?

Iansenius Tom. 3. l. 3. c. 21.

Resp. Les Caluinistes en ont fait le fondement de leur doctrine: IESVS CHRIST, disent-ils, *doit sauuer son peuple, comme il est porté en Sainct Matthieu chap. 1. Or il est asseuré que les infidelles ne sont point de son peuple,* &c. Et les Ministres du Palatinat, dans vn liure qu'ils ont fait sur cette matiere, raisonnent de la sorte dans la page 21. IESVS-CHRIST *s'est donné pour son Eglise comme asseure Sainct Paul, aux Ephesiens chap. 5. Or il est euident que les Infidelles ne sont point de cette Eglise,* &c. Voila ces preuues formidables, dont les Iansenistes nous attaquent. Mais les Docteurs de l'Egli-

Kimidoncius de la Redempt. These 50. Gryneus Tom. 4. p. 371. Tossanus These 22.

se Romaine les ont iugées si foibles, qu'ils les ont ruinées par ce peu de paroles : IESVS-CHRIST *n'est mort efficacement que pour les predestinez, mais il est mort suffisamment pour tous les hommes.*

Malderus contre le Synode de Dordrecht chap 7. De Vvindek.

Dem. Que respondez-vous à cette autre preuue des Iansenistes, qui est encore plus esclatante : *Dieu ne veut point sauuer les enfans, qui meurent sans baptesme:* il n'est donc pas veritable qu'il veut sauuer tous les hommes?

Resp. Les Heretiques l'ont encore employée pour combatre les Catholiques : *Beze nous obiecte,* dit vn sçauant defenseur de la Foy, *l'exemple des enfans, qui meurent auec le peché originel, & s'imagine qu'on ne peut soustenir, sans commettre vne nouuelle absurdité, que Dieu vouloit qu'ils fussent sauuez.* Mais ce Docteur & beaucoup d'autres font voir clairement, que selon la doctrine des Peres, & de l'Escriture Saincte, Dieu veut mesme sauuer ces enfans, & que IESVS-CHRIST est mort pour eux.

De Vvindek p. 167. Beze dans le Colloque de Montbeliard page 316.

Dem. Enfin les Iansenistes descrient cette opinion comme Pelagienne, & pretendent qu'il est tres-asseuré que les ennemis de la Grace l'ont inuentée, pour donner plus de couleur à leur Heresie : comment vous defendez-vous de ce reproche?

Resp. C'est la plus noire imposture, & la calomnie la plus outrageuse, que Caluin & ses disciples ayent forgé pour deschirer les Catholiques, & rendre leur doctrine plus odieuse. Ils disent dans tous leurs ouurages, que *ceux-là sont*

Caluin de la Predest. p. 706. Beze de la Predest. page 419. Synode de Dordrecht p. 3. & 354. Mr Duual dans ses remarques sur les trois Epistres de l'Eglise de Lyon.

Semi-Pelagiens, Pelagiens, ennemis de la Grace, qui soustiennent que Dieu veut sauuer tous les hommes, & que IESVS-CHRIST *est mort pour tout le monde.* Nos plus celebres Escriuains ont fortement repoussé cette calomnie, & Mr Duual exprime tres-bien leur pensée quand il asseure: Que c'est vne erreur de soustenir auec les Pelagiens *que Dieu veut sauuer tous les hommes, pourueu que d'eux-mesmes, & sans le secours de la Grace ils veüillent estre sauuez: Mais que c'est vne verité bien esloignée de l'opinion des Pelagiens, & tres-Catholique, de soustenir que Dieu veut sauuer tous les hommes d'vne premiere & generale volonté, parce qu'il leur donne des moyens suffisans pour les conduire à la gloire.*

FIN.

www.ingramcontent.com/pod-product-compliance
Ingram Content Group UK Ltd.
Pitfield, Milton Keynes, MK11 3LW, UK
UKHW022113260726
13993UKWH00001B/490